歴史文化ライブラリー

64

道具と暮らしの江戸時代

小泉和子

吉川弘文館

目次

江戸時代にはどんな家財道具があったか

道具の時代

道具といっても範囲が広いが、本書で扱うのは家財道具を中心とした生活道具である。江戸時代はまさに道具の時代といってよいほどさまざまな道具が生まれ、また発達した時代であった。なかでも一般庶民の日常生活用の道具が発達したということが大きな特徴である。これは文化の担い手が一部の上層階級だけでなく、農民や商人、職人といった層にまで広がったということで、これはまた社会全体の生産力の向上を反映しているのであって、そこが江戸時代の大きな特徴である。

では江戸時代にどのような家財道具があって、その道具が示す江戸時代の暮らしとはどのようなものだったのだろうか。

風俗画にみる江戸時代の家財

江戸時代の家財道具を知る上で大変いい史料がある。図1に示した『今昔八丈揃《いまむかしはちじょうぞろえ》』という、文化九（一八一二）年にでた黄表紙の挿絵である。作者は山東京伝、挿絵は歌川豊国が描いている。ここに描かれているのは江戸時代後期に普通の家庭で使っていた家財道具である。とはいってもかなり上になるが、それにしても大名とか公家、あるいは富裕町人というような階級のものではない。

表1は、ここに描かれている家財すべてに番号をつけて種類別に分類したものである。収納具・屏障具《びょうしょうぐ》・舗設具《ほせつぐ》・照明具・暖房具・容飾具・趣味・文房具・衣服整理用具・手回品・信仰用具がある。厨房具と沐浴具《もくよくぐ》を除いて家にある道具のほとんどがそろっていることがわかる。しかもこれらは明治時代はもちろん、ものによっては大正、昭和初期まで、そのまま使われ続けていた。このためあらためていうまでもないとは思うが、主要なものについて簡単に説明しよう。

まず①番、これは桐の衣装簞笥である（図2）。この簞笥を私は「上開き二つ重ね」とよんでいる。二つ重ねになっている点が江戸時代の簞笥ではめずらしい。上が両開きで、下は抽斗《ひきだし》が二杯ついている。両開きの中は抽斗が二杯で、扉に十文字の帯金具がつき、真

図1　江戸後期の一般民家の家具が描かれている『今昔八丈揃』

表1　分類別にした『今昔八丈揃』の家具

種　　類	番　号　と　家　具　名
収　納　具	①桐簞笥（上開き二つ重ね）　②部屋戸棚　③葛籠　④帳箱　⑤懸硯　㉟挟箱　㊱蠅帳　㊲本箱
屏障・鋪設具	⑥枕屏風　⑦六曲屏風　⑧襖　⑨障子　⑩畳　㊳衝立　㊴襖　㊵障子　㊶畳
照　明　具	⑪角行灯　⑫燭台　⑬蔵提灯　⑭ぶら提灯　⑮油壺（灯油）　㊷弓張提灯　㊸蔵提灯
暖　房　具	⑯箱火鉢　⑰置炬燵の櫓　⑱十能
容　飾　具	⑲鏡台　⑳耳盥
飲　食　具	㉑吸物椀箱入り　㉒銅薬缶　㉓重箱　㉔茶壺　㊹銅薬缶・湯呑茶碗・折敷　㊺手塩皿・折敷　㊻重箱
趣味・文房	㉕状差し　㉖煙草盆　㉗算盤　㊼碁盤　㊽煙草入と咽管　㊾植木鉢
衣服整理・手回品	㉘洗濯盥　㊿鉢箱　51番傘と蛇の目傘
そ　の　他	㉙踏み台　㉚鍵　52脇息　53屑籠　54庭箒　55はたき（さいはらい）　56笹
信　　仰	㉛宮　㉜灯篭　㉝御神酒　㉞三宝

図2　18世紀後半から幕末まで，江戸を中心に関東地方一帯で使われていた上開き二つ重ねの衣装簞笥

ん中に定紋入りの大きな丸金具がついた明快なデザインである。このように大量の金具がついているのも当時としてはめずらしいものである。江戸を中心に関東地方一帯で使われた。この簞笥については「川柳にあらわれた道具」のところであらためてとりあげるが、面白いことにこの簞笥、江戸時代末になるとすたれてしまうのだが、明治に入ってふたたび、今度は洋服簞笥として復活してくるのである。

明治二〇年代あたりになって洋服を着る人が少しずつふえてきて、洋服をしまっておく簞笥が必要になってきた。ところが当時、本格的な西洋式の洋服簞笥は非常に高価であって、役所勤めの人とか、小学校の先生などといった階層の人にとってはとても手が届かなかった。そこで東京の桐簞笥屋が一計を案じ、「上開き二つ重ね」の観音開きの中の抽斗を盆に変えて「洋服簞笥」として売り出したのである。着物はたたんで重ねてしまっておけるが、洋服は重ねると形くずれがしてしまう。そこで一枚ずつお盆に入れておけるようにと考えたのである。それに洋服といっても、このころは一軒の家で夏冬一着ずつくらいしかなかったから、三、四枚のお盆があれば、上着とズボンを入れるのには充分間に合ったのである。

ところがさらに昭和の初めになると、洋服着用者が一段とふえてきたため、桐で西洋式の洋服箪笥を真似たハンガー式の洋服箪笥がつくられるようになった。それでも洋家具の本格的な洋服箪笥よりはずっと安価だった（現在では桐箪笥は贅沢品になってしまったが、当時は実用品だったから安かった）。このため上開き式の洋服箪笥はすっかりすたれてしまったのである。

これをふたたび、今度は関西地方で使われていた上置きをつけて、三つ重ねにして「お盆には帯や上等の着物を入れてください」といって和服用として売り出したのである。箪笥屋の執念というか。ともあれこれが現在でも使われている三つ重ね桐箪笥である。

②番は部屋戸棚である。上下に分かれていて、上には裁縫箱とか小箱類を入れ（この絵では若い女が隠れているが）、下には行李や小箪笥、今でいえば金庫に当たる帳箪笥などを入れる。居間や茶の間において使った。

③番は葛籠《つづら》である。葛籠といっても、これは商売用である。当時はまだ呉服物は客の所に商品を持っていって売ることが多かったので、呉服屋が反物を入れて背負って歩いたものである。家庭用ではないが、背負えるようにつくられていることから、非常持出用に備えている家もあった。

㉟番は挟箱《はさみばこ》である。持ち運び用の衣類入れである。桐とか杉の薄板に和紙を張り、漆《うるし》

を塗って、軽くて丈夫につくられている。嫁入り道具の一つでもあった。

⑤番は懸硯《かけすずり》。上蓋《うわぶた》を開けると硯箱《すずりばこ》になっていて、下が抽斗で、ちょっとした帳簿や算盤《そろばん》を入れるようになっている。当時は商家でも普通の家庭でも必ず備えていたものである。

㊱番は蠅帳《はえちょう》である。台所に置いて残り物のおかずなどを入れておく小さい戸棚である。風通しのために網戸になっている。冷蔵庫のない時代、必需品であった。

以上は収納家具である。つぎは照明具と暖房具とそのほかである。

⑪番は角行灯《かくあんどん》、⑫番は燭台《しょくだい》、どちらも江戸時代の代表的な照明具である。しかし角行灯は指物師がつくるのでかなり高価だったし、燭台は燭台自体も高級品だったが、それより蠟燭が高価だったため、どこの家にもあるというものではなかった。⑬番と㊸番は蔵提灯《くらぢょうちん》といって、蔵へ入るときのための提灯である。金網で囲ってある。紙の提灯は火がつきやすく、提灯から火事になることが多かったので、金網でつくったものである。⑭番と㊷番は提灯だが、⑭番はぶら提灯、㊷番は弓張《ゆみはり》提灯である。⑯番は箱火鉢、⑰番は置炬燵《おきごたつ》の櫓《やぐら》である。中に土製の火入れをいれ、上に蒲団を掛けて使った。

⑲番は鏡台、⑳番は耳盥《みみだらい》、これはお歯黒をつけるときに使うものである。㉕番が状差し、これは壁とか襖に張り付けて使った。

また襖《ふすま》(⑧)とか障子《しょうじ》(⑨)、畳(⑩)など、これらは現在では建物の付属品となっているが、江戸時代は家具として扱われていた。借家でも建具や畳がついてない家が多く、引っ越しの時は運んでいった。そのため広い家から狭い家へ越したりすると畳が余ってしまい、隅に積み重ねていたりした。こうしたことは大正時代あたりまで残っていたようだ。

違う出現時期

ところでこれらの道具類は、それぞれ生まれた時期が違う。これを分類したのが表2である(参考のために『今昔八丈揃』にはないものも入れた)。(1)が江戸時代に出現した道具、(2)が中世末から近世初めにかけて出現した道具、(3)がそれまでもあったが、一部上層階級でしか使われていなかったものが、江戸時代になって広く普及したもの(ただし形は変わったものもある)、(4)は使われ方が変わったもの、(5)は時代・階層にかかわらず一貫して使われていたものである。

こうしてみると時代・階層を通して使われていたものは、傘と箒《ほうき》と踏み台ぐらいで、それ以外はほぼ近世になって生まれたか、普及したものばかりである。いかに近世が道具にとって重要な時代であったかがわかる。道具というものは社会の要請によって生まれてくるものであるが、それだけに道具には時代と社会の特質がもっともよくあらわれているというえよう。このため、道具を見ることによって時代や社会の特質がはっきりわかるという

表2　出現期による家具の分類

出現期		家具の内容
1	江戸時代に出現した道具	桐簞笥・部屋戸棚・帳箱・蠅帳／角行灯・蔵提灯・提灯／置炬燵・十能／重箱・湯呑茶碗・手塩皿／針箱／はたき／宮／〈押入〉
2	中世末から近世初めにかけて出現した道具	盥〈桶樽〉・煙草盆・煙草入・咽管／〈長持〉
3	それまでもあったが，一部でしか使われていなかったものが，江戸時代になって広く普及したもの（ただし形は変わったものもある）	葛籠・本箱／枕屏風・六曲屏風・襖・障子・衝立・畳／燭台・油壺／箱火鉢／鏡台・耳盥／吸物椀・銅薬缶・茶壺・折敷／状差し・算盤・碁盤・植木鉢／脇息・屑籠・灯籠・御神酒・三宝／〈机〉〈文台〉〈見台〉〈棚〉〈衣桁〉〈灯台〉／懸硯
4	使われ方が変わったもの	挟箱／〈まな箸〉
5	時代・階層にかかわらず一貫して使われていたもの	番傘／踏み台・箒・笹

〈 〉は『今昔八丈揃』にはないもの．

ことである。

そこでこの分類にしたがって、まず、江戸時代になって出現した道具としては箪笥をとりあげ、ついで中世末から近世初めにかけて出現した道具のうち、とくに近世社会にとって重要な意味をもつ桶《おけ》・樽《たる》をとりあげ、つぎに江戸時代になって一般に普及した道具のうち形の変わったものとして懸硯、江戸時代に入って消えてしまった道具としてまな箸《ばし》をとりあげて、道具というものがいかに時代と社会の要請と密接であるかをみてゆく。そしてその後、家財目録を使って江戸時代の暮らしと社会の様態を探り、さいごに視点を変えて、道具が物語る暮らしのゆとりと、江戸川柳にあらわれた道具から江戸時代の庶民の暮らしの断面をのぞいてみることにしたい。

簞笥の誕生

江戸時代に生まれた道具

箪笥はいつ生まれたか

江戸時代の社会をあらわす箪笥

江戸時代に出現した家具の中で、江戸時代という時代と社会をもっともよくあらわすものは箪笥である。しかもその後今日までずっと使い続けられていて、家具といえば箪笥というくらいに家具を代表するものとなっている。

だいたい日本は家具文化が発達していない国である。これにはさまざまな理由があるが、その最大の要因は歴史的に床座《ゆかざ》をとってきたということであろう。床座とは、椅子やベッドを使う椅子座に対し、床面を直接、生活面とすることで、当然のことながら家具が少なくてすむ。せいぜいものをしまって置くための収納家具か、間仕切り用の屛風《びょうぶ》、衝立《ついたて》くらいである。このため日本で家具といえるものは収納家具と屏障具くらいである。

そうした中で屏風はすでに日本独自の家具として、また美術品として国際的にも高い評価を得ている。だがわが簞笥も近年はこれにまさるとも劣らないほどで、日本国内はもちろん、国際的にも高い人気を博している。しかも簞笥は庶民階級が生みだし、育ててきたもので、日本の民衆文化の一つである。このため造形的にも地方色に富み、親しみやすく、力強い民衆的なデザインが発達しているが、こうした簞笥を生みだしたのが江戸時代だったのである。

西鶴と近松

簞笥の普及時期について面白い資料がある。有名なお夏清十郎の物語、播《ばん》州《しゅう》姫路の米問屋但馬《たじま》屋の娘お夏と手代の清十郎の悲恋物語である。もともとは一六六一（寛文元）年に実際に起こった事件を、西鶴と近松という江戸時代を代表する二大作家がとりあげたもので、西鶴の作の方が近松より二三年ばかり古い。西鶴の作は『好色五人女』「姿姫路清十郎物語」で、これは事件から二五年後の一六八六（貞享三）年に発表されている。これに対し近松の『お夏清十郎五十年忌歌念仏』が初演されたのは、一七〇九（宝永六）年であるから一八世紀の初めということになる。そこで悲劇のキーポイントに使われたのが、西鶴作では車長持、近松作では簞笥で、このことによって箪笥の普及時期がよくわかる。

いずれも話は、清十郎は盗んでいない金を盗んだとされて死刑にされるが、後になって金が出てきて、お夏が心痛のあまり発狂するというストーリーである。この場合西鶴の作品では、無くなったと思っていた金が、主人の思い違いで、実際は車長持に入れてあったことがわかったということになっていて、「かの七百両の金子《きんす》、置きどころかわりて車長持よりいでけるとや」と書かれている。

車長持というのは、車をつけて移動できるようにした大変大きな長持で、頑丈な鍵がついている。図3に描かれているのがそうである。これは同じ『好色五人女』の中にある「恋草からげし八百屋物語」、例の八百屋お七の物語の挿絵である。振り袖火事で焼け出されたお七一家が駒込吉祥寺に避難してきたところで、境内には近所の人が持ち込んだ家財道具がころがっている。したがってここに描かれているのは当時のごく一般的な家財道具ということになる。傘のそばにあるのが葛籠《つづら》、その向こうにあるのが銭箱、下の方に重箱のようなものがあり、奥にある大きなのが車長持である。

一方、近松作の方は、朋輩の勘十郎という悪玉が清十郎をおとしいれるために、わざと彼の箪笥の中に金を入れておき、主人の目の前で開けてみせるという筋立てになっている。

図3　車 長 持
火事で駒込吉祥寺の境内に近所の人が持ち込んだ家財道具が散乱している．『好色五人女・恋草からげし八百屋物語』貞享2（1685）年

半櫃《はんがい》箪笥かき出させぐわらりぐわらりと打明けて、衣類引出し取散すは。三途川の脱衣婆の呵責もかくやとあはれなり。錠前を叩割り提物《さげもの》・差換《さしがえ》取出せば、包の小判七拾両是はさて。

と、これがそのクライマックスである。半櫃箪笥というのは、普通の箪笥の半分の大きさで、当時手代クラスの奉公人がよく持っていた箪笥である。「錠前を叩割り」とあるから錠前付きの抽斗《ひきだし》があったことがわかる。提物というのは印籠《いんろう》、巾着《きんちゃく》、煙草入れなど腰に提げるもの、差換は脇差し、これらと一緒に七拾両が出てきたということである。衣類から貴重品まで、手代の私物の一切がこの箪笥一つに入っていたということで、近松の時代にはすでに箪笥が手代クラスにまで普及していたということがわかる。

つまり西鶴から近松にいたる四半世紀の間に、庶民の収納家具が車長持から箪笥に変わったのである。一七世紀末から一八世紀初めにかけてのことである。そこでまず、この車長持から箪笥への変遷ということについて考えてみよう。

車長持の時代

江戸時代初期の社会と車長持

車長持は一六世紀末から一七世紀初めにかけて生まれ、一七世紀中期が最盛期だったと考えられる。まずこの車長持の出現ということ自体、江戸時代初期の社会の状況を示す象徴的な事件であった。

これは一六世紀末ごろからの生産力の上昇によって、衣類をはじめとする人々の持ち物がふえ、それまでのような小さな櫃《ひつ》や葛籠《つづら》では入りきれなくなったことと、都市が発展し、商工業が活発になり始めて、ふえてきた商品類を入れておくための倉庫の需要が起こってきた結果生まれたものである。

たとえば衣類についていえば、木綿の国産が始まったのが一六世紀前期である。もともとは輸入品で、もっぱら上層階級の間で贈答品として使われていた。だが保温力・着心地に優れ、あざやかな色に染まる木綿は誰もが欲しがった。ところが最初栽培を始めたのは三浦・武蔵など関東地方だったため、気候が合わずなかなか進展しなかった。しかし気候温暖な大和・河内・山城・摂津・和泉などの西日本に移ってからは順調に発展して、一七世紀前期の寛永期にはすでに相当量の生産がおこなわれるようになった。一方流通の面でも一七世紀早々には綿織物の市場組織が生まれている。こうして一般にも行き渡るようになって、人々の衣生活を急速に豊かなものにしていった。

そしてこうしたことはひとり木綿だけではなく、絹織物を始めとして他のさまざまな分野においても同様であった。一六世紀末から一七世紀にかけてのこの時期は商工業全般が急速に活発化していった。商品の種類も量もふえ、人々の持ち物がふえ始めた。それまでの櫃や長持では間に合わなくなって大形化し、動かすための車が必要になって車長持というものが出現したのである。

西鶴の『日本永代蔵』に「世は抜取の観音の眼」という話がある。この中に出てくる質屋は「内蔵さへもたず、車のかかりし長持ひとつ、物置にも蔵にも、是を頼みにして、此道をしるとて」渡世をしている。車長持一つで質屋としての機能のすべてを果たしていたことがわかる。

それともう一つ、車長持がつくられなければならなかった理由として、当時の建物との関係もあった。早い時期の江戸の町を描いた出光美術館所蔵の『江戸名所図屏風』（図4）をみると、日本橋の真ん中のあたりは商店街になっていてアーケードがついているが、よく見ると印の違う暖簾《のれん》が並んでいる。ところが扱っている商品は同じである。つまり同業者集住〈一つの建物に何軒もの同業者が入っている形態〉である。こういう形態でこのくらいの規模であるとすると、建物の方はおそらくバラック程度だったと考えられる。一般の住居にしても、われわれが現在「民家」とよんでいるような、しっかりした建築の住居ができるのは元禄期以降である。もちろんそれまでも上層階級は立派な建物であったが、一般庶民の家は掘立小屋程度の貧弱なものであった。商店の場合も変わらなかったはずである。しかも土蔵も物置もない。このように戸締まりも不完全で火にも弱い建物では商品を入れておくわけにいかないため、頑丈で、鍵がかかり、その上いざとなったら引き出せる車長持のようなものが必要とされたのである。

この点は一般家庭の場合も同様だったと考えられる。この時期は各家に車長持が備えられていたようで、山崎美成《よししげ》の『麓の花』には「天正より以来、明暦のころまで都鄙《とひ》ともに

図 4　『江戸名所図屏風』に描かれた同業者集住の商店
日本橋北詰西側の一画．異なる家印の暖簾をかけた漆器店が並んでいる．
（出光美術館蔵）

車長持と云へるものを家々に備へて、非常の具になしたり」とある。つまり車長持とは、商品倉庫や家財蔵の代わりだったのである。

このことは見方を変えれば、当時の商業の規模、あるいは生活用具の規模は車長持一つで間に合う程度であったということになる。いわば

中世から近世へ

ライトバン一台に収まる規模ということだが、それでも中世に比べると飛躍的な増加であった。中世まではほとんどが着たきり雀であったから、葛籠一つあればいい方だった。しかもこれは必ずしも庶民だけでなかった。『おあん物語』という石田三成の家臣で三百石取りの武士の娘による回想記があるが、この中に一枚の小袖を一三歳から一七歳まで着ていて、臑《すね》が出て困ったということが書いてある。また伴蒿蹊《ばんこうけい》の『閑田耕筆』という随筆にも、三十万石の大名の娘が小袖が欲しいといって父親である大名に直訴したところ、「一枚あれば充分だ」と大変怒られ、詫び状を書かされたという話がのっている。これらは慶長・元和のころだというから一七世紀の初頭である。このころは上層階級でもこんな状況だったのである。

しかし、その一方でこのころから急速に衣類などがふえ始めていたのも事実で、車長持の出現という出来事は、まさに中世から近世へと展開していくさきがけだったのである。

図5　大火の中を車長持を引いて逃げまどう人々
『むさしあぶみ』寛文元(1661)年

ところがこの車長持、いざ火事となると皆が引き出し、道路が渋滞して大惨事となった。その最大のものが一六五七（明暦三）年の江戸の大火である。町の辻々に打ち捨てられた車長持が重なり合って、人が通れなくなっているところに火がつき、大勢の人が焼け死んだ。この大火の様子を書いたドキュメント『むさしあぶみ』（一六六一年）（図5）にはつぎのようにある。

数万の貴賤……車長持を引きつれて。浅草をさしてゆくもの千万とも数しらず。……町中に引き出し、火急をのがれてうちすてたる車長持は。辻小路につみあげせきあひ。人更に心のままにとをりえず。諸人もみあひこみあひひしめく間に。猛火さきざきへ燃え渡りしかば……四方の橋一度にどうと焼け落る。

車長持の禁止

このためこの時の教訓から、江戸、大坂、京都では車長持の製造、販売が禁止され、以後、三都では車長持が姿を消す。そしてこのことが契機となって簞笥が生まれたのである。しかし単に車長持が禁止されたから簞笥になったということではない。時代はさらに進んで、もはや車長持では対応しきれなくなっていたのである。

箪笥の出現

箱と抽斗

箪笥は一七世紀の半ば過ぎ、ちょうど明暦の大火の後あたりに生まれたと考えられる。箪笥の存在を示す史料でもっとも古いものは、現在のところ一六七九（延宝七）年にでた大坂の地誌『難波鶴』である。これに「たんす仕立根元　心斎はしすじあんどうし町　金や市左衛門」とある。江戸町の史料に箪笥が出てくるのはこれよりはるか後の一八世紀に入ってからであるから、箪笥は大坂で生まれたとみてよいであろう。

そうすると西鶴の『姿姫路清十郎物語』が書かれた時期はまさに箪笥が生まれた直後になる。これに対して近松の時代になるとすでに完全に箪笥の時代に変わっている。このことは、この間二十数年の社会の発展を物語るものであるが、しかし単に発展が右上がりになったということではなく、社会の構造そのものの変質があり、これは中世社会から近世社会へと転換を遂げたということであり、その結果としての簞笥の誕生だったのである。いいかえれば車長持はまだ中世の延長上にあったが、簞笥ではっきりと近世になったということである。

どういうことかというと、これは長持と簞笥の本質的な問題で、長持は箱で簞笥は抽斗《ひきだし》だということである。そしてこの箱から抽斗に変わったということ、このことが中世社会から近世社会への変化を示しているのである。

箱と抽斗は収納方法として基本的に違っている。箱はモノを保管するためのもので中のモノが傷まないように保護しておくことが目的である。それに対して抽斗は、モノを入れることは入れるが、保管より中のモノを簡単に出し入れするのが目的である。整理、分類もできるし、場所もとらない。非常に機能的、合理的である。このように長持と簞笥では収納に対する原理が基本的にちがっている。したがって箱から簞笥への転換は、コペルニクス的転換といってよいほどのことだったのである。

このため簞笥は、まず機能性と合理性がもっとも要求される商業用の商品抽斗として始まった。たとえばまだ車長持が活躍していた西鶴の作品でも『好色一代男』(一六八二年)の扇屋の店先のような商店の場面には扇を入れる抽斗が登場している。商業が活発になり、商品の種類がふえてきたことで、分類、整理しながら保管もでき、簡単に出し入れができる抽斗が作られ、これがやがて衣裳用をはじめとする各種の簞笥として発展していったのである。

近世社会が生んだ抽斗

ではどうして抽斗が近世社会の産物なのかというと、抽斗の成立には大きくいって二つの要因がある。一つは余剰物の発生であり、一つは生産体制の社会的整備という問題である。

余剰物の発生ということは、庶民にまで仕舞っておくだけの余分なもの、衣類でいえば着替え用ができたということである。これはすでに車長持の出現がそうであったが、これが一段と進んだのである。そしてこの場合、もっとも重要なことは、「庶民が余分な衣類を持てるようになった」ということである。上層階級なら雇い人も大勢いるので、出し入れが不便でも困らないし、仕舞っておく場所にも不自由ない。しかし一般庶民は自分で出し入れしなければならないし、家も狭い。そういう階層が余分な衣類を持つようになってはじめて、抽斗式の収納家具の必要性がでてきたのである。

一方、生産体制の社会的整備ということは、「誰もが簡単に、しかも安価に材木を入手できるようになった」ということで、これには流通と木工技術の二つの側面がある。

箪笥を作るのには多量の板を必要とする。箱とは比較にならない。しかも厚さ、大きさの揃った規格材が必要である。これを誰もが簡単に入手できるようにするには、山元での伐採から始まって、運搬、製材、販売にいたるすべての体制と機構が整備されなくてはならない。たった一つだけ、しかも費用おかまいなしに作るというのであれば話は別である。その意味では昔から抽斗というものがなかったわけではない。しかし一般向きのものとなるときわめて困難であった。たとえば図6をみてもらいたい。室町時代末期に制作された『洛中洛外図屛風』（上杉本）に描かれている材木売りである。京都の北山から杣人《そまびと》たちが材木を担いで売りにきている。しかしこのような売り方では数量的にもしれているし、材木自体も不揃いであるから製板にたいへんな手間がかかる。これに対し図7の江戸時代の葛飾北斎の『富岳三十六景』に描かれている材木屋は膨大な量の規格材を林立させている。つまりこの二つの絵の間に、伐木から始まり、販売にいたる一連のシステムの整備がおこなわれていたのである。

図６　『洛中洛外図屛風』に描かれた小規模な材木売り
（上杉本，米沢市蔵）

図７　葛飾北斎『富岳三十六景』本所立川の林立する木材
（東京国立博物館蔵）

余剰物の発生と木材生産の技術革新

さきに木綿の生産が進んで庶民の衣料がふえたといったが、生産という面からみると木綿の出現ということは実に革命的な出来事であった。それまでは麻、あるいは科《しな》、藤などの天然の材料から糸を取り、布を織っていたが、これは栽培・採取から生地にするまでに気が遠くなるほどの手間がかかるため生産量も少なかった。これに対し木綿という繊維材料は、栽培・紡績・織布の全工程を通じて分業がしやすく、経済性に優れ、商品生産・流通の面での発展的性格を備えている。このため一七世紀初めに本格化した木綿生産は、前に述べたように一七世紀末になると爆発的な発展を示し、河内地方では畑作の八割以上が綿作になったという。

同時に、それまで京都の独占であった絹織物の方も、一七世紀以降、足利、桐生に代表される地方産地が発達してきた。高級品は最後まで京都だったが、銘仙《めいせん》のような日常着は地方産で間に合うようになった。これにともなって染めや模様などの加工面でも大量生産方式が導入され、流通にも構造的変化が起こっていった。一七世紀から一八世紀にかけて、都市には呉服・太物《ふともの》の小売店が続々と生まれ、商法も変わった。「現金安売り掛け値なし」とか「店先売り《たなさき》」とよばれるものである。これはそれまでのような得意先に出かけていって注文を取って売る掛け売りとちがって、店頭での現金定価販売である。その結果、価格が下がり、また必要なだけ買える「切り売り」も始まり、呉服物も大衆の手の届く物となったのである。

木材生産の技術革新の重要なひとつとして製材方法の技術革新があった。図8は鎌倉時代の石山寺造営の光景である。当時は製材と建築が未分化だったため、現在なら製材所でするような作業も現場でおこなっていたが、当時の製材法はここに描かれているように楔《くさび》を点線状に打ち込んでいって、叩いて割り裂く方法であった。だがこの方法だと檜《ひのき》とか杉のような木目《もくめ》の通った樹種、それもごく素性の良い木しか使えない。このため木材がよほど豊富でなければ成り立たないし、生産量も低かった。

そこへ室町時代になって大鋸《おが》が導入された。枠付きの縦挽鋸《たてびきのこぎり》である。図9の『三十二番職人歌合』にみるように二人で対向して使う鋸で、割裂するのではなく挽き切る鋸である。したがって木の素性には関係なく、どんな樹種でも製板できるし、無駄も出ない。その結果、用材の範囲が一挙に拡大し、材木の生産量は飛躍的に増大した。しかしこの時期の大鋸はまだ中国からの輸入品であって大寺院や戦国大名に独占されていた。秀吉が大鋸職人に免税や伝馬役などの特権を与えて、戦いのさい、工兵隊として動員したことはよく知られているが、戦国大名たちにとって大鋸は重要な戦力だったのである。

図８　『石山寺縁起絵巻』の造営現場

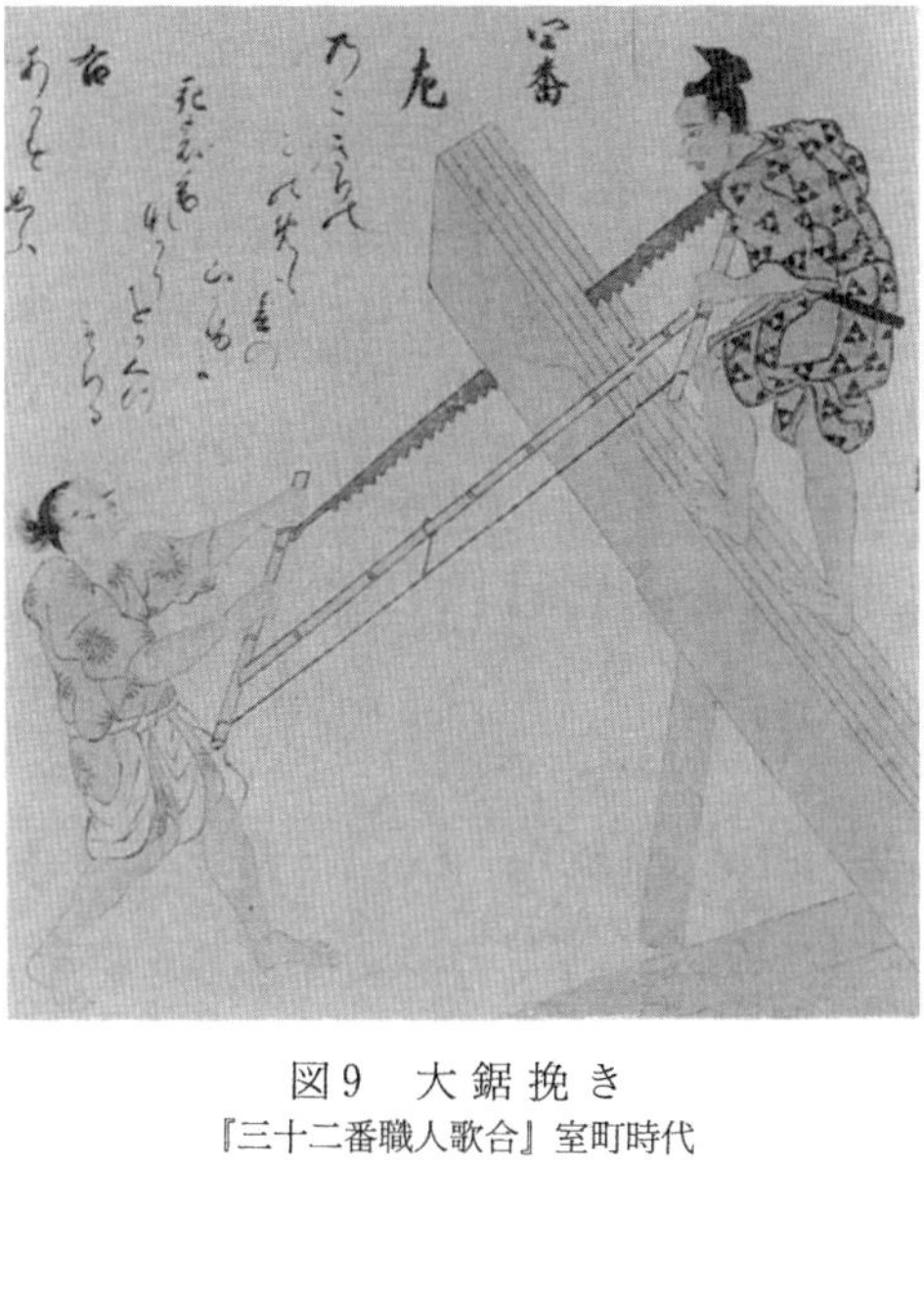

図９　大 鋸 挽 き
『三十二番職人歌合』室町時代

図10　前挽大鋸
『人倫訓蒙図彙』

その後、戦国期が終息すると、城下町建設と築城ブームで膨大な木材需要がおこり、木材生産はいっそうの増加を示し、一七世紀半ばには江戸、大坂、名古屋の三大材木市場が成立した。だがここまでは領主側の需要、いわば軍需が中心であった。これが一七世紀中期以降になると、築城ブームも一段落し、都市の発達、人口増加により、はじめて民需に転換し、材木が一般商品として流通するようになった。地回り産地が形成され、流通圏の拡大という中で材木の規格化も進んだ。

こうした情勢の中でふたたび製材方法の革新がおこなわれた。大鋸に変わる前挽大鋸の出現である。前挽大鋸は図10のように鋸身が大きく、手前に曲がった柄を持った一人挽の鋸で、柄を両手で握って身体の前に持って挽く。この方法は長い範囲を正確に、かつ持続して挽くことができるため、生産効率がいい。しかも一人挽であるから挽賃も大鋸の半分で済む。前挽大鋸の登場によって、厚さの揃った板が効率よく生産されるようになり、経済的な価格で供給されるようになったのである。いわば「民営化」により、合理性、経済性が追求された結果である。

このほかにも指物《さしもの》技術の問題がある。これがきちんとできていないと箱や抽斗にならない。それには多くの種類の鋭利な刃物類がなくてはならないし、レベルの高い職人技術も必要である。この点についても、江戸時代に入ると兵庫の三木や越後の三条などの大工道具の産地が形成され、質の良い道具が安い値段で全国に行き渡るようになり、そうした背景の中で個々の職人技術も向上していった。

ここではじめて余剰物の発生と生産体制の社会的整備という簞笥成立の条件が全部揃ったのである。それが一七世紀半ば過ぎであったということは、この時期に近世という社会が完成したということになる。その意味では簞笥は近世社会のシンボルといえよう。とすると簞笥が大坂で生まれたということは、近世社会としての条件が日本中でもっとも早くに整ったのが大坂だったということになる。

生産と生活を支えた桶と樽

中世末から近世にかけて普及した道具

結桶・樽の出現

結桶とは

近世から近代にかけて使われた道具のうち、生産から消費までもっとも広い分野にわたって大きな役割を果たしていたのは桶《おけ》と樽《たる》である。桶・樽なしには近世社会は成り立たなかったであろうし、また桶・樽があったからこそ、近世社会があのように精度高く発達しえたものといえよう。明治以降になると生産の分野では工業化が進んで、桶・樽の役割が後退していったが、まだ生活の領域では昭和初期ころまで依然として重要な働きをしていた。そこでここでは近世社会を道具の面から支えた桶・樽についで考えてみよう。

ところで現在桶とよんでいる、短冊《たんざく》形の板を並べ箍《たが》で締めた桶は、正確にいうと結桶《ゆいおけ》である。結物《ゆいもの》の桶という意味で、これはそれ以前の曲物《まげもの》の桶、「曲桶《まげおけ》」に対する言葉である。また桶といえば樽であるが、樽は蓋《ふた》が固定されているもので、されてないものが桶である。だが桶と樽がこのように似たものになるのは近世以降で、それまではまったく違うものであった。樽は「垂《た》り」を語源とするように酒の注器であった。瓶子《へいし》形とか太鼓《たいこ》形などがあり、木製のほか金属や焼き物もあった。このため醸造や貯蔵用として用いられていたのは甕《かめ》や壺《つぼ》である。そこへ結桶が出現して、軽くて割れないことから液体の貯蔵運搬に適していることがわかり、蓋を固定した樽が作られるようになったのである。

結桶の出現と普及

結桶の出現時期を示すものとして、いまのところもっとも確かなものは考古資料であり、これを補足するものとして絵画資料がある。文献では「桶」とあっても、曲物なのか結桶なのか区別がつかないし、伝世資料では一四世紀以前のものは今のところ発見されてない。そこで考古資料からみると、現在のところ、一一世紀後半〜一三世紀が導入期、一四世紀が普及期、一五世紀〜一六世紀が確立期、一七世紀が展開期というように時期区分できるという。

一一世紀後半に日宋貿易との関連で導入され、最初は北部九州の限られた地域で井戸側《がわ》（井戸の周りの囲い）として利用された。その後、多少の進展はあったものの、あまり変わらず、こうした状態が一三世紀いっぱいまで続き、一四世紀に入り、ようやく小型容器と井戸側の普及が九州、瀬戸内地方を中心に始まる（図11）。同時に国内での製作も開始される。一五世紀から一六世紀にかけて関東甲信越地方にも普及し始める。やはり井戸側が多いが、早桶・便槽・備蓄銭容器・一般容器などと用途も拡大して、生産技術も確立し、大量生産が行われるようになった。一六世紀までは結桶の普及の最前線には常に井戸側が存在している。それが一七世紀に入ると全国的に普及するようになり、用途もいっそう広がり、種類もふえ、醸造用の巨大な桶をはじめ、多種多様な形の桶・樽が作られ、生産・流通・生活のあらゆる分野で不可欠なものになったとみられるという。

一四世紀以降になると絵巻物からも結桶の存在が確認できる。たとえば『一遍上人絵詞伝《いっぺんしょうにんえことばでん》』に甚目寺で時衆らが食事の布施に与《あずか》る場面があるが、ここに曲桶とともに結桶が描かれている。しかし結桶の数は曲桶に比べてきわめて少なく、諸本の中で「真光寺本」（一三二三年）では曲桶一五に対し結桶二、「金光寺本」（一四世紀前）（図12）では三五に対し八、「金蓮寺本」（一三〇七年の奥書のある室町後期の模写）では三六対二、「東寺本」では三七対七、「光明寺本」（ともに一三五〇年の古縁起の忠実な模写）では二三対一三である。しかも遊行僧たちへの布施には結桶を使い、乞食や非人たちへの布施には曲桶を使うとい

図13　街角で桶を修理する結桶師
『洛中洛外図屏風』（上杉本，米沢市蔵）

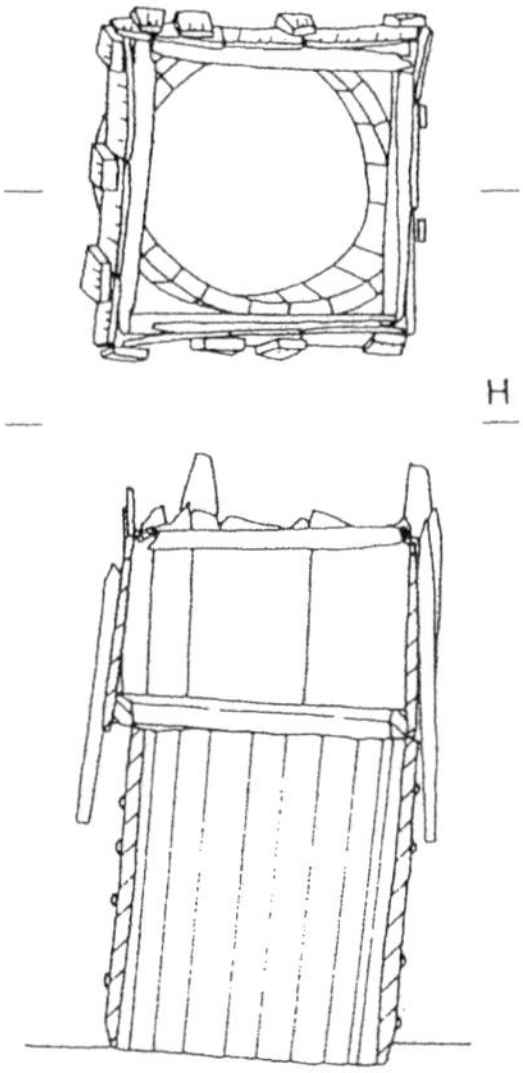

図11
広島県草戸千軒遺跡出土の井戸側
上部は方形縦組板で下部が結桶になっている．14世紀中期．▶

図12　甚目寺で斎をうける時衆一行
曲桶と結桶がみえる．『一遍上人絵詞伝』（金光寺本）

うように区別されており、結桶は貴重品だったことがわかる。その他の絵巻物では『大江山絵詞』（一四世紀前期）に二個、これは鬼が殺した人間を入れてある桶である。『弘法太子行状絵詞』（一三七四〜八九年）に一個、これは洗濯用の水入れとして使われている小桶である。『福富草紙』（春浦院本）（一五世紀初）に一個、これは勝手用の水桶である。しかしこれ以外の絵巻物には出てこないところをみると、一四世紀から一五世紀の間はまださほど普及してなかったということであろう。

ところが一六世紀以降になるとにわかに結桶が多くなってくる。たとえば『洛中洛外図屏風』の町田本（一五二〇年前後）では結桶二五に対し曲桶二、上杉本（一六世紀中期）では結桶一七、曲桶四と、結桶と曲桶が逆転し、結桶師も四人描かれている（図13）。さらに一六世紀末から一七世紀初頭の慶長期の舟木本になると、結桶三五、曲桶四で結桶が圧倒的に多く、種類的にも洗濯、水桶などの勝手用をはじめとして油、めし、おかずなどの物売り用や飼い葉桶、農作業用などさまざまなものがでてきている。町田本には酒樽もみえる。酒樽は一六世紀の『酒飯論絵巻』（東博本）にも多数描かれているので、樽が結桶の手法で作られるようになったのは考古遺物による時代確定より早かったことがわかる。

以上のとおりで、発掘資料と絵画資料によれば、結桶の技術を日本人が知るのは一一世紀後半だが、定着しはじめたのは一四世紀あたりからで、本格的に普及が進むのは一六世紀以降だったということになる。

曲桶と結桶

結桶は曲桶に比べて、強度、気密性、耐久性でも格段に勝れており、大きさの点でも相当巨大なものまで製作が可能である。このため結桶は曲桶とは比較にならないほど多様な用途に対応できる。事実、一七世紀以降は産業と生活のあらゆる分野で不可欠のものとなったのである。ところがそのように優れた結桶が一一世紀後半に導入されてから三〇〇年以上、本格的な普及となると五〇〇年以上も普及が進まなかったことになる。

こうした場合、まず考えられるのは技術的な障害である。しかし曲物も結物も基本となる製材の技術は割裂法であり、用材も共通している。ただ曲物の場合はすべて柾目《まさめ》取りであるが、結物は柾目取りと板目《いため》取りがある（図14）。柾目取りは、強さには欠けるが収縮率が小さいので、桶にした後でも隙間ができたり、曲がったりしないし、見た目も綺麗なので、盥《たらい》とか飯櫃《めしびつ》などに用いられる。これに対し板目取りは、丈夫で、水が滲《し》みないため、酒樽、醤油樽、漬け物樽など液体容器に多く用いられる。製板後の加工も曲物は円筒形に巻いて合わせ目を桜の皮で縫って作るが、結物は榑板《くれいた》を並べて竹箍《たけたが》で締めるといった

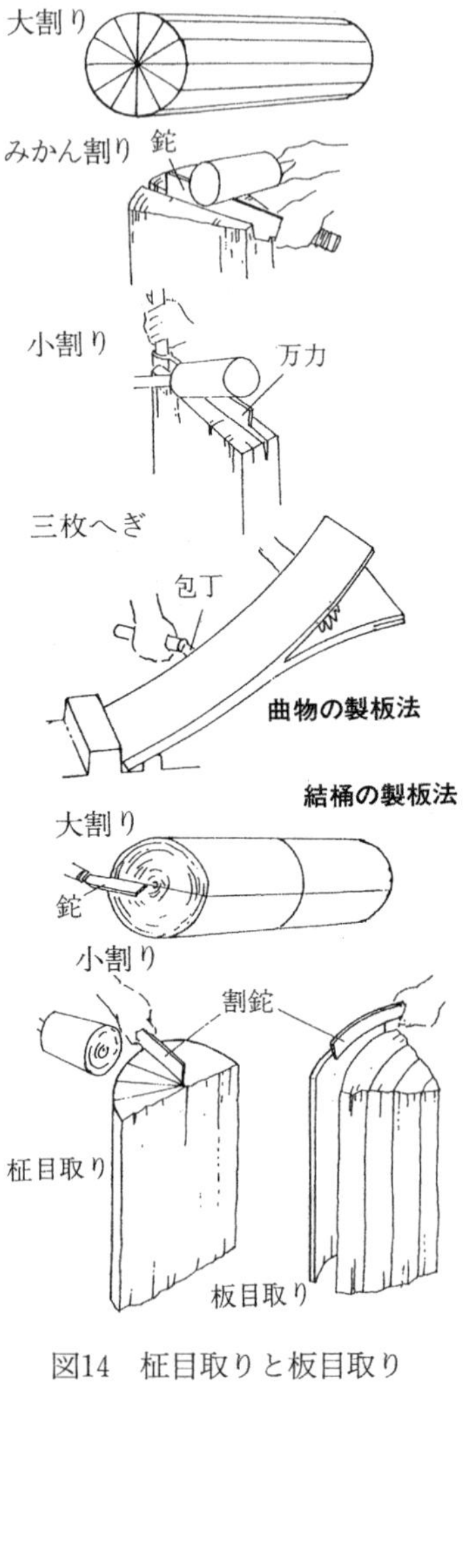

図14　柾目取りと板目取り

違いがあるものの、道具と技術の面でもっとも重要な点である製板に関しては決定的な違いはない。

　ということは要するに結桶に対しての社会的ニーズがなかったということである。逆に言えば、その社会的ニーズが一五世紀から一六世紀にかけて急に高まってきたということで、これにはさまざまな問題があると思われるが、都市の発達による井戸側需要の増加と商品生産の発展と流通の活発化、なかんずく後者であったと考えられる。

都市の発展と流通の活発化

結桶の確立期とした一五〜一六世紀の発掘状況をみると、土砂の崩壊しやすい沖積地において結桶井戸側の使用頻度が高いという。これは狭い面積で、湧水層まで穴を掘削して、これを維持するという井戸の諸条件が、結桶技術を利用することでかなり充たせるようになったためである。結桶以前の曲物の井戸側とか方形の木組みでは限界があって、曲物は板の幅が桶の高さになるため深い井戸側にするためには良好な柾目板材を多量に必要とするし、方形木組みは土砂の圧力のかかり方が場所によってばらつくため崩落しやすい。これに対し結桶は円筒形のため土圧に強く、板の長さが高さとなって重ねられるので一〇《メートル》以上の深井戸でも可能である。たとえば清洲周辺の場合、一五世紀以前では最下層の水溜め部分が曲物、上部が方形木組みであるが、一五世紀以降になるとすべて結桶に変わるという。これは都市的集落の発達を示すもので、都市が発達すると水の確保が欠かせない問題となり、それまでは浅井戸ですんでいたものが深井戸が必要になってきて、結桶の井戸側に転換していったのであろうと考えられている。このような例は全国的に報告されているので、全国各地で急激に城下町が建設され、人口の集中が進行して、結桶の井戸側が要請されることになったことを物語っている。

そしてこのような都市の発展と平行して進んでいったのが商品生産の発展と流通の活性化である。室町時代は日本全体の生産力が上昇し、流通が活発になった時期だといわれる。たとえば一四四五（文安二）年の『兵庫北関入船納帳』という、この年一年間に瀬戸内の各地から北関に入津した船の積み荷記録をみると膨大な商品量で、一五世紀半ばのこのころから、商品流通が盛んになり始めていたことがわかる。ただしまだ積み荷の容器として桶も樽も使われていないが、このあと戦国期をはさんで江戸時代にかけて急激に生産活動が活発になっていく中で、生産用具としての桶や輸送用容器としての樽の需要が高まっていったのである。

たとえば酒造の場合、中世と近世の大きな違いは濁酒と清酒の違いであるが、これは仕込み工程で使用される道具が壺・甕から桶・樽へ変わったことによるもので、この変化が起こるのが一五世紀半ばである。商品生産として酒造が本格的になるのは一四世紀である。このことが品質の向上をうながしたためである。この結果、酒の商品化はさらに進んで戦国期をすぎるころになると、灘や伊丹を中心とする関西地方が広域を対象とする酒造地として発展し始め、これにともなって一〇石、二〇石入りの大きな仕込み桶も作られるようになり、また出来た酒を遠隔地に輸送するため大量の樽が必要となった。このようにして本格的な桶・樽の時代に入っていったのである。

近世の産業を支えた桶・樽

桶・樽は木製道具の中心

一七世紀以降、ほぼ一九世紀いっぱいまでは、まさに桶《おけ》・樽《たる》の時代であった。生産と暮らしのあらゆる分野に結桶・樽が浸透し、なくてはならないものとなっていた。農商務省が出した『明治七年府県物産表』（明治四五年）という統計がある。これは明治に入ってからの統計であり、しかも統計としてはかなり不備である。だが江戸時代の全国的な統計がないため参考までにみると、木製道具の全国総生産額が一六九万七八一八円、そのうち桶樽類が九八万一二三一円（五八％）、指物が五九万三五八五円（三五％）、木地挽物が七万七一七六円（四・五％）、曲物が四万四四八二円（二・六％）で、桶樽類が木製道具全体の五八％を占めている。この時期でもこ

表3　『明治7年府県物産表』の桶樽関係集計

分　野	数　量	全体比	価　額	全体比	産業内訳
産　業	2,400,255	38.7%	414,949,232	44.0%	酒関係 油樽・醬油樽 砂糖樽・砂糖桶 味噌桶・漬物桶 味醂樽・染物桶 漆樽・鰹節樽 梅桶・鮨桶
桶樽柄杓	2,598,782	42.0%	329,707,127	35.0%	
生　活	1,050,669	17.0%	181,479,349	19.0%	
農　業	21,063	0.3%	8,561,839	1.0%	
その他	134,362	2.0%	10,243,013	1.0%	

のように桶樽の比率が高かったことがわかる。

この桶・樽をさらに分野別にしたのが表3である。この中で単に「桶樽柄《ひ》杓《しゃく》」としてあるのは、どの分野に入るかはっきりしないものである。これを除くと産業用がもっとも多く、数量で全体の三八・七%、価格で四四%を占めている。産業用の内訳は酒関係がもっとも多く、これでほとんどを占めている。しかし産業用でもおそらく鉱工業などは統計にあがってきてなかったろうし、また諸産業で容器として使われた細かなものは集計されていなかったであろうから、実際にはこれよりはるかに多かったはずである。そうした中で酒造業と農業・漁業についてみることにする。

酒造業と桶・樽

さきに述べたように、中世酒造業から近世酒造業への発展の中で最大の事柄は、清酒への変化である。これは仕込みが壺・甕《かめ》から桶・樽に変わったことによるもので、酒造りはまさに桶・樽にはじまり桶・樽に終わるといってよい。これを『伊丹市史』第六巻にある「酒造道具と農具」によってみてみよう。

まず、はす桶（水桶）で水を汲む。踏み桶（一斗一升）に米と水を入れ足で踏んで米をとぐ。このとき計り桶・かき桶・ごんぶり桶なども使う。漬桶《つけおけ》（二〇石くらい）に米を漬ける。この後甑《こしき》で米を蒸す。飯溜（一斗三升）に蒸した米を入れて冷ます。半切桶に蒸米・麹・水を混ぜてモト（酒母）を作る。モト卸桶《おろしおけ》（一石七、八斗）にモトを仕込んで熟させる。モトを仕込む途中、暖気樽《だきたる》（一斗内外）に入れ、寒中は熱湯を入れてモトに温湿気を加える。仕込み桶（三〇石）にモト・水・蒸米・麹を入れ、大櫂《おおかい》で攪拌し醪《もろみ》を熟成させる。熟成がすむと試桶《ためしおけ》で醪をくみ出し、荷桶《にないおけ》に醪を入れる。下には醪のたれをうけるテレ半切桶を置く。小出桶に運び、狐桶《きつねおけ》で醪を袋に入れる。袋を酒槽の中に重ねて並べ、圧力をかけて酒を搾り出す。搾った清酒を清桶《すましおけ》に入れて滓《おり》引《び》きをする。火入れを終えた清酒を夏囲桶《なつがこいおけ》で貯蔵（夏囲い）して秋まで置く（図15）。

以上のとおりで酒槽以外は醸造の全工程で桶が使われている。桶は酒造においてはまさに装置であり、現在の機械設備にあたるものだったのである。その上この後の貯蔵や運搬もまた樽である。この輸送用酒樽には吉野杉が珍重され、下り酒は江戸で高い名声を博し

図15　酒造用桶・樽　仕込み桶
「紙本着色酒造絵図」（正井達次郎）が描く明治時代の灘の酒造風景より．

図16　農業用桶　水たんご
『農具便利論』

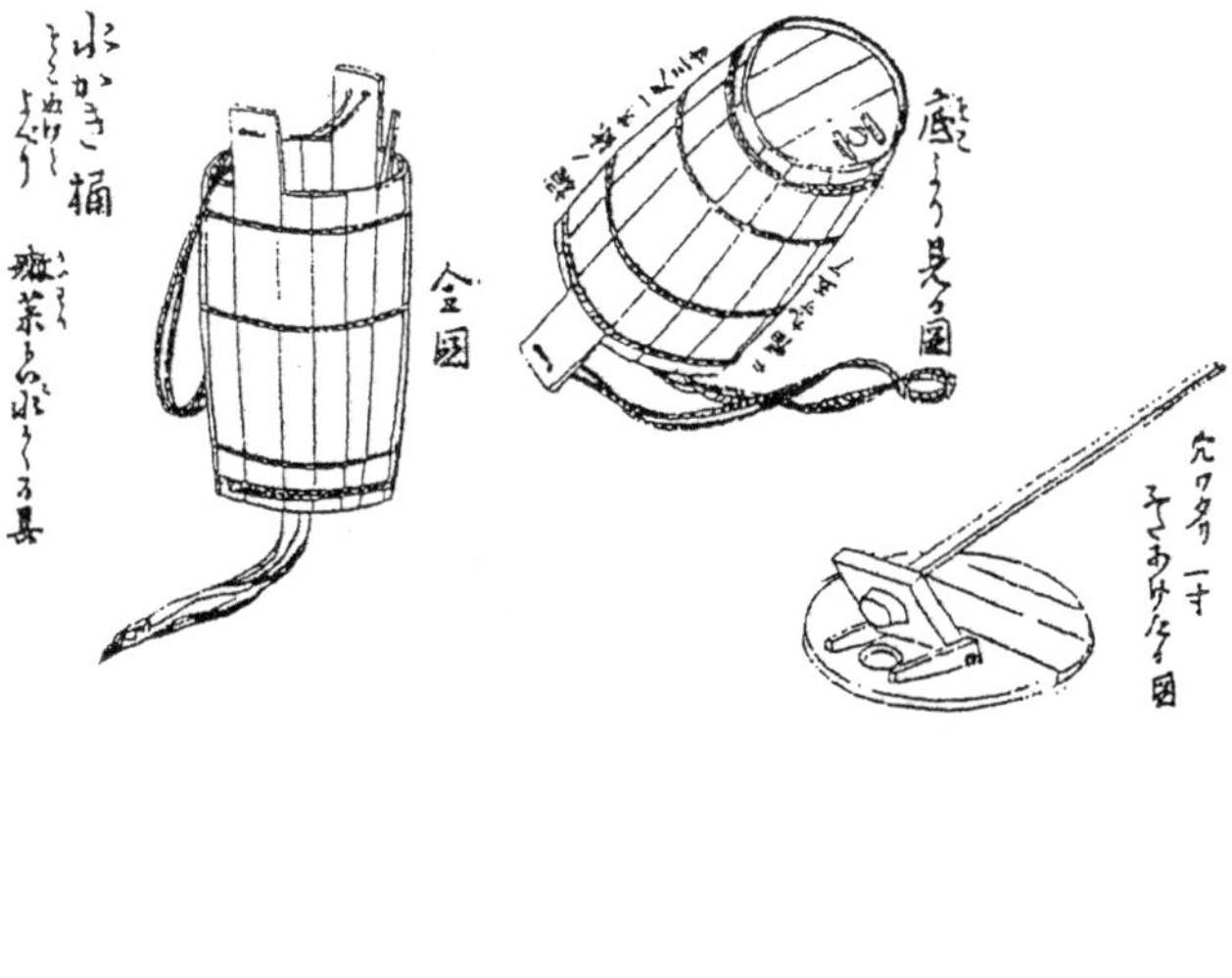

たが、これは杉の木香が酒に移り、江戸に着くころには芳醇な清酒に育っていたことによるもので、樽は化学設備の役割も果たしていたのである。江戸時代、上方から江戸へ入ってきた分だけでも元禄期ですでに五、六十万樽に及んだという。さらに享保一五（一七三〇）年に樽廻船が十組問屋から独立してからは樽廻船だけで年平均八〇万樽にものぼり、天明期（一七八一～八八）以降は年一〇〇万樽を超えていたという。このため酒造業の発展はまた吉野林業の発展をもたらす結果ともなって、桶・樽は産業分野も拡大していったのである。

農業・漁業と桶・樽

桶・樽は農業・漁業における生産用具としても重要なものであった。農具としての桶・樽についてはさまざまな用途があり、地域によっても特性があるが、たとえば大坂の場合、『摂津国各郡農具略図』にはつぎのようなものがあがっている。この史料は一八八〇（明治一三）年のものであるが、農村ではまだこの時期には江戸時代の生活がそのまま残っていたから、江戸時代後期の状況を示しているとみてよいであろう。

灌漑用――桔槹《けっこう》の釣瓶《つるべ》・井戸側・水たんご・底抜けたんご・水掛け桶・じょうろ・振り釣瓶

肥培用——肥《こえ》たんご・肥柄杓《こえびしゃく》・肥掛け桶・肥溜め桶・運搬用肥樽

湿田用桶沓《おけぐつ》

籾すくい桶

桶胴の籾摺臼《もみすりうす》

桔槹の釣瓶はいわゆるはね釣瓶である。河内地方の綿畑や大阪湾に面した堺の砂地の野菜畑では畑ごとにたてられていたという。井戸の方には井戸側が用いられている。水たんごは灌水用の水桶である。底抜けたんごも同様で底に径三チセンほどの穴が開いていて、内側には蝶番《ちょうつがい》式に開け閉めできる七、八チセンほどの板蓋がある。蓋の裏にはへそという丸い突起が出ていて、閉じれば穴にぴったり嵌《は》まり、水が漏れない。蓋板には四〇チセンほどの棒が付いていて桶の上から操作できる。はね釣瓶で汲んだ水を桶に入れ、畝間《うねま》を歩きながら、操作棒を引き上げて、水を撒く仕掛けである。水掛け桶・じょうろともに畑の灌水用で、手桶の下方に管やじょうろの先をつけたものである。振り釣瓶は二人が向き合って、それぞれが水桶の上下につけた二本の縄を操って、低い水位の水路から高い田へ水を揚げるものである。

肥たんごは天秤《てんびん》で担う桶、下肥《しもごえ》を運んでいって肥柄杓で畑に撒く。肥掛け桶は片手で提げて小型の柄杓で肥をかけるもの、肥溜め桶は畑の隅に埋めておき、下肥を蓄えておく大きな桶、運搬用肥樽は馬の鞍に左右振り分けて運ぶ樽で、きっちりとした蓋がある。

湿田用桶沓《おけぐつ》は、湿田に入るためのもので足がちょうど入る小判形の桶の口に縄をつけて、これを履いて湿田に入って作業をする。桶胴の籾摺臼《もみすりうす》は、桶の胴で底に樫の薄板を薄目に並べ、中に粘土を詰めて固めたものを二つ、薄目を合わせて重ね、上になる方にハンドルをつけて廻し、籾を摺る臼である。石臼のように硬くないので米粒を壊さずに籾摺りができる。

このように灌漑、肥培から籾摺りまであらゆる分野にわたって桶・樽が使われていたと同時に、この場合も単なる容器ではなく装置や用具として機能していたことがわかる。大坂近郊の農村は都市向けの蔬菜栽培、江戸向けの河内木綿の綿作まで手広く手がけ「天下の台所」の大坂を支えてきた地域である。近世においてはもっとも先進的な農村であった。かといって特別な地域というわけではなく近世農村の一典型であったから、他の地方でも同じようにさまざまな工夫をして桶・樽を使っていたはずである。江戸時代、全国的に精度の高い農業が発展したのも桶・樽があったからこそである。

実際にはこのほかにも穀物入れや飼い葉入れなど容器としても多種多様なものが使われ

浮樽（ゲントウダル）▲

浮樽（マゲ）▲

盥　舟▼

図17　漁業用桶・樽

ていたわけで、佐渡の両津市の郷土博物館が数年前におこなった調査では一軒の農家で一二〇個もの桶・樽を持っていたという。

つぎに漁撈活動における桶・樽の役割について佐渡の例をみよう（図17）。

佐渡は竹や杉などの材料が豊富なことから桶つくりが発達していて、あらゆる分野で桶・樽が利用されていたが、漁業も例外ではなかった。これには、浮き・はんぎり舟・漁獲物容器・製塩用具などがある。

浮きは、樽を浮きとして用いるものである。浮きを用いる主な漁法に延縄《はえなわ》漁と網《あみ》漁があり、網漁にはさらに刺網《さしあみ》と船曳《ふなびき》網がある。延縄漁は一本の幹となる縄に適当な間隔を置いて多数の枝縄を付け、この縄の先端に釣針を付けて横に長く延べておこなう釣漁法である。これは対象とする魚の生息場所や回遊する深さに応じてセットする必要があり、これを調節するのが浮樽の役目である。一方、刺網は対象とする魚群の通過場所に網を張っておいて魚を獲る方法であり、網をセットする深さの調節や網の位置を示す目印として浮樽が用いられる。船曳網は船から網を海中に下ろして広げ回し、魚がかかった頃合いを見計らって網を引き上げるもので、網を船から海中に投入し始めた位置を示す目印として浮樽が用いられる。軽くてよく浮き、取り扱いやすい樽は浮きとして非常に便利なのである。

はんぎり舟は佐渡観光で有名な盥《たらい》舟である。佐渡でいそねぎとよぶ見突《みつき》漁で使う舟で、舟の上から海底を見ながらあわび・さざえ・若布《わかめ》などの魚介類を獲る。主として南佐渡の岩礁地帯で使われている。この地帯は火山活動によってできたリアス式海岸で、岬の先端の海岸線は鋸状になっており、海底も溶岩が段丘状になっている。このため普通の舟はつけることができないが、盥舟なら前も後ろもないので簡単に出入りできるし、岩礁に当たっても回転してかわせる。波を受けても復元力に富んでいるので転覆することがない。それに天候が急変しても担いで陸にあげられるので便利である。透明度が高い岩礁地帯だからこそ可能な漁法であるが、これも桶が普及して、桶作りの技術が進歩し、人が乗れる舟のような桶まで作れるようになった結果始まったものである。

漁獲物容器は、漁獲物の運搬や貯蔵、あるいは加工用である。運搬・貯蔵用も対象物に応じてさまざまな形、大きさのものが数多くある。加工用の桶にも多様な種類があるが、たとえば鰯《いわし》の油を搾《しぼ》る桶がある。底のない桶で榑板《くれいた》と榑板の間が透かしてあり、中に鰯を詰め、蓋を乗せ、上から圧力を加えると隙間から油が圧し出される仕掛けである。中には円形にプレスされた鰯が残るが、これを乾燥させたものが油粕で、良質な肥料であった。

製塩用具については佐渡の場合は揚浜式であった。海水を汲み上げ塩田に撒き、天日で水分を蒸発させて濃縮し、これを煮詰めて塩をとる方法である。

ここで使われた桶を作業順にあげると、まず汐汲《しおく》み桶で海水を汲んで、塩畑の中に置いた浜はんぎりに入れる。これを撒桶《まき》で塩畑に撒き散らす。このとき桶の上端と下端に手を掛けるため撒桶の裏底は手が掛けやすいように約六〇チ《セン》ほどあげ底になっており、また持ち上げて肩に担ぎやすく、海水を均等に撒きやすいようにと下部を少し細くしている。塩が固まってくるとえんぶりでかき寄せ、笊《ざる》のようなものですくって塩槽《しおぶね》にいれる。塩槽で濃縮された塩水、鹹水《かんすい》をみっしょ桶で受けて、大桶（鹹水貯蔵桶）に入れる。これは桶小屋とよぶ貯蔵専用の小屋に多数並べてあるもので、二〇石、三五石と大きい。大桶からは、鹹水を樋《とい》で塩釜に流し込むのだが、樋に注ぎ入れるのは注桶である。佐渡に残っている明治三八年の製塩関係の史料によれば製塩に要する総費用の五四％が桶で占められていたという。桶が製塩を支えていたといってよいだろう。

暮らしを支えた桶・樽

つぎに暮らしと桶・樽についてみよう。表4は『明治七年府県物産表』から生活用の桶・樽類を抽出したもの、表5は佐渡の二つの資料館（宿根木・両津市立郷土博物館）に現在収蔵されている生活関連の桶類である。

桶・樽は主要な家財

台所用をはじめとして洗濯・洗顔・沐浴とあらゆる分野にわたり、とくに佐渡の場合は楽器にまで桶が使われていたことがわかる（図18）。

このように衣食住全般に桶・樽が使われていたが、それだけでなく江戸時代には中程度の農家では、家財のほとんどが桶・樽だったといってよい。たとえばつぎは吉永長左右衛門という、持高五石、田五反四畝余の平均的な農民の家財目録である。何かの事情によって入牢し、処分によっては家財一切が没収されるため、とりあえず村役人が家財を預かった、その目録である（塚本学「江戸時代人の暮らし」『静岡県史研究』第八号）。

「宝永四年　吉永長左右衛門入牢之節諸道具改村方へ預かり候覚」

味噌四斗入り一桶・塩一俵・ひつ一つ・古油桶一つ・飯ひつ一つ蓋とも・醬油樽一つ一升有・たらい一つ・魚鉢一つ・小板三枚・かうけ桶一荷・天秤棒一本・水かめ一つ・大桶一つ・ざる籠大小二荷・小平鍋一・櫃一つ・よきふとん

家財は全部で一七できわめて少なく、それもほとんどが食関係・台所関係である。このうち「ひつ一つ」「飯ひつ一つ蓋とも」「櫃一つ」とひつが三例あるが、二番目までは飯櫃で、三番目は夜着布団を入れる櫃であろう。かうけ桶というのはわからないが、一荷となっており、天秤棒一本とあることからすると担い桶であることは間違いない。すると味噌桶・飯櫃二・古油桶・醬油樽・たらい・かうけ桶・大桶が桶・樽と合計八であるから、家財のほぼ半分が桶・樽である。この程度の農家では主要な家財は桶・樽類だったということを物語っている。

水桶・盥・飯櫃　では一般的にいって生活用の桶の中ではどんなものが多く使われていたか。表4をみると全部で一九種類で、このうち全府県数六三中、五〇府県以上であがっているのが手桶・盥・飯櫃・釣瓶・風呂桶で、数量と産額がいちばん多いのが手桶で五七万八〇〇〇余個、約六万円、つぎは盥で二二万三〇〇〇余個、四万七〇〇〇円、飯櫃が約一一万三〇〇〇個、二万二〇〇〇余円で、釣瓶が約七万個、約七八〇〇円、風呂桶は府県数は多いが三万一〇〇〇余個、二万四〇〇〇余円と量的にも価額的にも少ない。全国的に見て手桶・盥・飯櫃がもっとも代表的な桶だったということになる

表4　生活用桶・樽の種類・数量・価額

種　類	府県数	数　量	価　額
			円　銭厘
手桶	51	578,469	60,522.219
盥	58	223,431	47,189.12
飯櫃	50	112,914	22,098.086
釣瓶	22	70,532	7,830.063
風呂桶	54	31,390	24,637.885
茶櫃	1	9,190	2,099
井戸側	7	6,388	12,165.716
洗桶	4	6,281	1,614.896
水桶	2	3,407	478.115
水溜桶	2	2,705	2,032.756
面桶	2	1,735	204.5
米洗桶	3	1,583	142.98
水汲桶	1	853	134.283
髪手洗樽	1	770	—
半切	6	447	248.785
手洗桶	3	245	20
手樽	2	216	5,195
湯桶	1	100	20
蒸篭	1	13	35.75

表5　佐渡の資料館が所蔵する生活用桶・樽

分　野	用　途	桶・樽の種類と名前
食	保　存	米入れ桶・穀物入れ・味噌桶・醬油樽・酒樽・味醂樽・酢樽・油樽・通い樽・斗桶
	加工・炊事	米研ぎ桶・洗い桶・手桶・片手桶・水桶・ハンギリ(粉こね)・蒸籠・すし桶・燗風呂・魚桶(魚を糠に漬ける)・長桶(どぶろく作)・漬物桶(味噌醬油の空樽)・豆腐桶・擂り臼・エバチ・釣瓶
	供膳・贈答	オヒツ・オハチ・汁桶・茶盆・角樽・岡持
衣	洗濯・苧績	洗濯盥・オボケ
家　具	沐浴・洗濯	オロケ風呂・手水桶・手桶・水汲桶・桃桶・手付桶・洗桶・足ススギ盥
	便　器	小便桶・オカワ
	育　児	エヅメ
その他	工芸材料	柿渋桶・柿渋樽・漆樽
	建　築	フネ(壁土をこねる)
	楽　器	桶太鼓
	葬　式	早桶

小便桶

長桶▲

オカワ

オロケ風呂

◀桶太鼓

図18　佐渡の桶いろいろ

長桶—背負い桶．　小便桶—男便所用．　オカワ—子供や病人が室内に置いて使う．　オロケ風呂—中に少し熱湯を入れ，踏み台を置いて上に乗り，上に蓋をしてしゃがんでじっと蒸される，蒸し風呂である．洗うときには外に出る．桶太鼓—胴は桶の手法で作り，両木口に皮を張ってある．

（図19）。

同じことは家財目録からもいえる。この家財目録については、後に「家財道具からみた暮らしと社会」で詳述するためここでは説明を省くが、一八世紀から一九世紀中期までの三四世帯分の家財目録を調べたところ、最上層農家から都市下層民までの全階層にわたって所持していたのは、盥・手桶・小桶・水桶・飯櫃であった。

手桶、小桶、水桶はいずれも水汲み用、あるいは洗い桶である。これは水場が外にあって、水という生活に欠かせないものを確保するための手段として桶が使われていたことと桶が流しの代わりをしていたことを物語っている。流しを家の中に置くようになるのは江戸などでは一八世紀後半から一九世紀にかけてである。それでもたいして困らなかったのは、水場へ桶を持っていけば、流しにもなったためである。いわば持ち運び流しである。それればかりではなく、俎《まないた》があれば桶の中で魚をさばいたり、野菜を刻んだりすることもできる。いわば調理台である。日本では桶が万能の台所道具だったのである。また飯櫃が各家の必需品であったということは、麦や粟などの雑穀を含みながらも、ともかく飯というものが主食であったことを示している。

盥は洗濯、洗顔、洗髪、行水、産湯に使われたものであるが、洗濯に盥を使うようにな

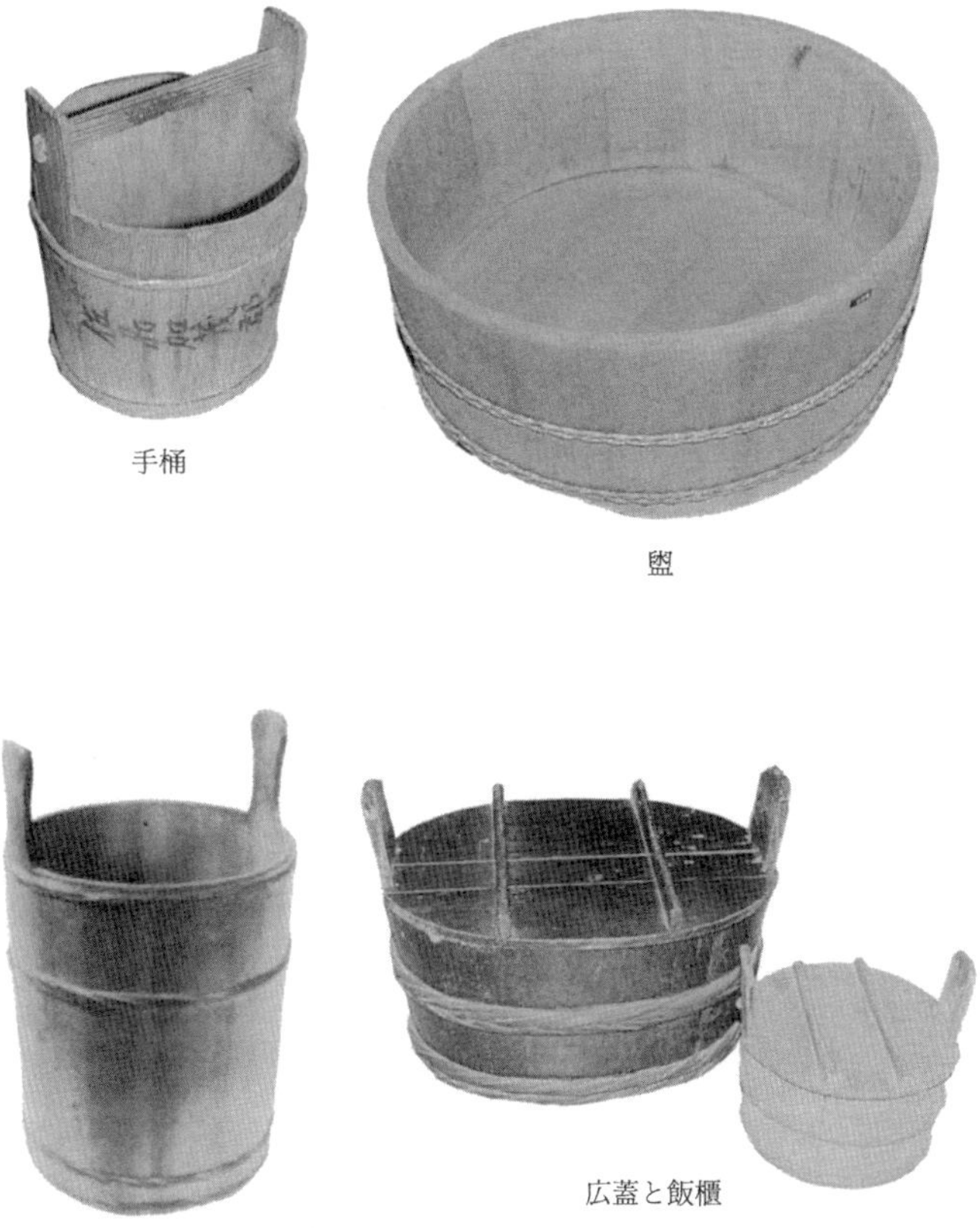

手桶

盥

広蓋と飯櫃

手桶(汲み桶)

図19　日常使われた桶

表6　内容別にみた桶・樽の階層別1戸平均持数

	最上層(7戸)	上　層(3戸)	中下層(18戸)	都市下層(6戸)
厨房用	5.7	8	1.8	2.3
供膳用	1.6	0.6	0.5	0.3
沐浴洗濯用	3.6	2	0.6	0.3
貯蔵用	5.9	5	0.8	—
農業用	0.7	1.3	1.4	—
用途不明の桶・樽	10.6	2.7	0.9	0.2
持数総数の平均	28	19.7	5.4	3.2

持数総数の平均は厨房用〜用途不明の桶・樽までを合計した数とは一致しない．

ったのも近世からである。中世までは踏み洗いであった。当時は繊維が麻や科布《しなふ》や藤布など硬いものだったため河原や井戸端の石の上に乗せ、柄杓で水をかけながら足で踏んで洗っていた。ところが江戸時代になると木綿が普及したため踏み洗いでは破けてしまうし、肌になじんで暖かい代わりに汚れも染《し》みつきやすい。そこで盥に水を張って手で揉《も》み洗いするようになったのである。

桶・樽の階層差

ひとくちに桶・樽といっても、階層によって内容には大きな違いがある。さきの家財目録からみてみよう。表6は階層別一戸平均の持数を内容別に分けたものである。

階層を、最上層農家・上層農家・中下層農家・都市下層民と四分類すると、一戸平均持数は、最上層農家二八、上層農家一九・七、中下層農家五・四、都市下層民三・二、平均で一〇・九となる。持数じたいが少なすぎるが、これは数え方の問題であろう。とくに上層以上の場合、家財目録じたい、分家に出す分だけとか、家庭用として使っている分だけ数えている例があるので実際には全体的にもっと多かったはずである。しかし傾向はうかがうことができると思われるので、内容をみると、全階層にあるものは、盥・手桶・小桶・水桶・飯櫃である。これは『明治七年府県物産表』で見たのと共通している。これに対し最上層・上層にはあるが中下層以下にはないものがあり、それは厨房（半切《はんぎり》）、供膳（広蓋・ほかい・面《めん》桶《つう》）、沐浴洗濯（風呂桶）、貯蔵（味噌桶・醤油樽・塩桶・米桶・麦桶）である。

半切は盥のような浅い桶で鮨やまぜ飯・赤飯などを作るときに使う。広蓋やほかいは祝い事などに使うもので、ほかいは深い円筒形の塗桶で脚がついていて、祝言の時に饅頭や餅を入れて親戚に届けたりする。二つで一荷として、上に美しい袱紗《ふくさ》を掛ける。広蓋は小判形の浅い桶で把手があり蓋がつき、漆塗や春慶塗がほどこされている。これも祝い事に赤飯や鮨などを入れて親戚や近所に届けたりするのに使ったり、物見遊山の時の弁当入れにしたりする。面桶も物見遊山の時の弁当入れなどに使われるものである。こうしてみると上層の場合、付き合いや物見遊山の機会が多かったことがわかる。

風呂桶も上層にしかない。江戸時代、風呂の普及率はきわめて低かった。これは風呂桶の場合、まず火を燃やす釜が要るため、桶屋だけではできないため、風呂桶じたいが高価であった。だがそのほか、風呂に使うほどの多量の水や薪《まき》を簡単に調達できるところも少なかった。したがって上層でも風呂桶は村役人など重要な来客用であって家族や雇い人は行水ですませることが多かった。また貯蔵用はすべて食料である。上層では食料の備蓄が多かったことを示している。

桶・樽は生活に密着して使われてきたものであるだけに、階層、職種、地域的差異などをそのまま反映している。この目録は、都市下層民を除いていずれも農家であり、統計としては数も少ないが、一つの傾向としてはおそらく間違いないであろう。

産業としての桶・樽製造

桶・樽が産業と生活のあらゆる面で使われていたということは、また桶・樽そのものが産業としての普遍性を備えていたということである。

桶・樽の生産

まず材料が豊富にあったということである。杉が中心だが、そのほか椹《さわら》、檜《ひのき》、それに箍《たが》の竹であるが、これらは日本の風土に適しているため、ほぼ日本全国どこでも供給することができた。元禄ごろの地誌類を見ると、吉野の酒樽用材、山城の箍竹材、摂津の酒樽・油樽、尾張の箍竹材、甲斐の桶材、飛騨の椹桶盥、信濃の桶樽、紀伊熊野の樽丸などが名産としてあげられており、風土に応じて材料が供給されていたことがわかる。

酒樽用の杉材産地の吉野の例で見ると、一八世紀前期の享保ごろから酒樽・樽丸の林産加工業が始まり、幕府や藩の勧奨奨励を待たずして自発的に人工造林が起こり、技術も向上し、借地林業という特殊な制度も起こっていたという。明治以降、吉野が本邦屈指の林業地となり、杉の代表的美林を有したのもこのためだという（鳥羽正雄「近世の森林経済と酒樽」『史学雑誌』四七―六）。

明治末の資料になるが、農商務省が調査刊行した『木材の工芸的利用』（明治四五年）によれば、当時の酒樽用材としては吉野・紀州新宮・伊勢の杉、醬油樽用材としては秋田杉が第一で、紀州・土佐・日向・常陸がこれにつぎ、風呂桶用材としては木曾の檜・椹・あすなろ・高野槇《まき》、勝手用桶類用材は木曾の椹、下野・宮城・茨城の高野槇・杉・あすなろ、野州のしらぶなどをあげている。これらはとくに産出量が大きいところであって、このほかの土地でも杉や椹は供給できたのであるから、ほぼ全国的に供給が可能だったわけである。

加工が比較的容易で、多様な要求に応じられること、経済的であること、誰もがどこでも簡単に入手できるということも重要な要素である。加工については基本的には榑板《くれいた》をパーツとしてつなぎ合わせて箍で締めるという効率のいい生産方法である。このため一〇〇石入り、二〇〇石入りという巨大なものから、手に収まるような小型のものまで製造可能である。実際にはさまざまな技術的な差異があるが、基本的な点で共通である。製造技術も比較的に簡単であり、さほど大きな設備も不要で、道具も入手しやすい。また山元で樽丸に加工して出荷できるため山奥でもおこなうことができるし、運搬効率もよい。このため農業が成り立たないような山村でも可能であって、林業地での産業として成り立つ。その上桶・樽は半消耗品であるから需要が切れることはない。パーツ方式であるから修理にも便利で、傷んだ榑板だけ差し替えたり、箍を締め直すなどの修理をすれば一〇年も二〇年も保つ。

職人の分布

したがって職人数も多く、桶職人はどこの土地にもかならず居た。たとえば、表7は職人数に関する統計である。福井県三国町では桶職人の対全戸数比が三%、東京の場合は「東京市内職工調内訳」では全戸数に対し一%、一〇〇軒に一軒の割、『東京風俗志』では全工業人数の比が二%、松戸駅の場合、全戸数の一%弱である。ここにあげたのは三ヵ所にすぎないが、とくに醸造業地でない土地の場合、大工・鍛冶についで桶職が三、四位に位置し、戸数の一、二%程度は居るというこうした傾向は江戸時代から明治初めまで全国的に見られる。このため桶・樽はどこでも容易に入手することができたのである。

表7　明治前期の全戸数と主要職人数の比較

地　域	年　代	総　数	職種	戸数	比　率	出　典
福井県三国町	明治初年	711			30.4%(対全戸数)	三国町史
			大工	106		
			鍛治	90		
			縫針	86		
			桶職	69	3%(対全戸数)	
東　京	明治10年	54,000余	大工	5,566		東京市内職工調
			左官	1,905		
			錺職	1,561		
			鍛治	963		
			桶職	694	1%(対全戸数)	
東　京	明治29年	24,829	大工	4,233		東京風俗志
			左官	1,951		
			指物	772		
			錺職	718		
			桶職	590	2%強(対職人数)	
下総国松戸駅	明治5年	503	大工	9		体系日本史叢書11産業史II
			鍛治	7		
			桶職	5	1%弱(対全戸数)	

この点は職人の分布からみてもわかる。どの土地でも町の中心部の裏手、あるいは宿の街道沿いなどに集中して分布している。たとえば三国町は中心部の裏手のタイプで、一町に三軒も四軒も隣り合って並んでいたし、東京の千住町では千住宿の中の中山道に沿って分布していた。修理も含めて日常的に絶えず桶の需要があり、それに応じられる便利な場所であったことを示している。一方、農村などはほとんどが出職であった。佐渡の例でいうと、軒端《のきば》職人とよばれ、道具だけを持ってまわって歩いた。材料は仕事を頼む家の方で用意しておき、そこに何日か泊まり、食事も出してもらって、その家の一年分の桶を作ったり、修理したりしたという。

また値段も安かった。職人の賃金でみると、たとえば『東京風俗志』によると明治二九年当時、桶職の日当が四二銭五厘である。職人の平均賃銭は四八銭八厘であるから平均よりかなり低い。それだけ桶・樽というものは安価だったわけである。

空樽の利用

樽の経済性の高さを示すものにもう一つ、空樽の利用がある。樽は空樽としてもフルに回転利用された。その最大が醬油樽である。関東の場合は関西からの下り酒・下り醬油の空樽が利用されていた。この場合、酒造業が盛んで、酒造業に樽を供給する樽問屋が樽職人を支配下においていた関西と、もっぱら下り酒や醬油の空樽を用いていた関東では、醬油醸造業への樽の供給システムが異なっていたが、関東では江戸に空樽問屋が成立し、江戸や地回りの地域での酒・醬油などの醸造業者に供給していた。

江戸の場合、一八世紀前半には醬油の需要の四分の三が下り醬油であったが、一八世紀半ば以降になると、野田や銚子といった関東地回り産地が発達してきて、一九世紀に入ると完全に関東産の地回り醬油に変わった。とくに江戸に川一筋で輸送できる野田は関東最大の醬油生産地として発展した。だが新木を用いて醬油専用の樽を醸造地で製造するようになるのは、銚子では明治一〇年以降であったというから他の醬油醸造地でも近世においては空樽の修理・再利用が一般的だったと見てよいであろう。ただこの点に関しては価格の問題だけでなく、新樽は木香が滲《しんしゅつ》出するため醬油の保存には不適切だったからともいう。

空樽の利用状況を銚子の広屋義兵衛家（ヤマサ）でみると、享保期（一七一六～三六）における空樽の需要は樽数にして五、六千樽、金額にして一〇〇両から一一〇両、全取引の一割程度であった。延享（一七四四～四八）ごろから増加し始め、宝暦年間（一七五一～六四）には一万樽を超え、文化年間（一八〇四～一八）には二万樽、天保年間（一八三〇～四四）には少なくとも二万二、三千樽を江戸から買い入れているという。買い入れ先は醬油の荷受問屋である。

林玲子によると、これは大正期になるが、野田のキノエネでも、六年から一五年までの入費総計（原料・食用米・燃料・容器）のうち、容器つまり樽代は二〇～二八％に及び、原料費につぐ必要経費となっており、このうち新樽と空樽の割合は、五対五から四対六くらいだという。

また呉服商大国屋勘兵衛の場合、享保元（一七一六）年に江戸に開店するが、諸大名家相手のため売掛金の未決済が溜まり、醬油に転換し、享保一〇（一七二五）年、土浦で醬油醸造を開始、翌年江戸で販売を開始する。ついで呉服の方は宝暦五（一七五五）年でやめて、醬油醸造だけに切り替え、同時に翌年から空樽商売を開始し、並行しておこなうようになる。土浦へ空樽を供給するためである。その後の経営状況を見ると、江戸から土浦に送られた醬油は、享保一六（一七三一）年・五〇八五樽、寛保三（一七四三）年・一万樽余、宝暦一二（一七六二）年・二万四五〇〇樽余で、このうちの八〇％近くが江戸店からの空樽供給である。このように当初は自店向けであったが、しだいに自家製の醬油用から、空樽自体を他の醸造家に販売するようになる。一八世紀後期になると、自店向けは二〇％程度で、醤油商売を超えるようになり、ついに明和四（一七六七）年になると、利益が空樽商売の方が超え、これにともない江戸空樽問屋に入っているという。

こうしてみると醤油樽の場合、非常に効率よくリサイクルが成り立っていたことがわかる。これも樽が修理に適した構造であることが大きな要因であろう。

懸硯とまな箸

変身した道具と消えた道具

形が変わった懸硯

道具の普及

それまでもあったが一部でしか使われていなかったもので、江戸時代になって広く普及した道具も多い。それにもいくつかの系譜があって、古代から公家が使っていたもの、中世以降武家が使っていたもの、寺院や神社で使っていたもの、上層階級全体で使っていたものなどがある。それがそのままの形で、あるいは形を変えて、一般に使われるようになった。またそれまで庶民も使っていたものでも、性能やデザインが良くなったり、量産になってより広く使われるようになったものもある。

すこしあげてみると、屏障具《びょうしょうぐ》では簾《すだれ》・暖簾《のれん》・屏風《びょうぶ》・衝立《ついたて》、座臥具《ざがぐ》では畳・毛氈《もうせん》・蒲団《ふとん》・夜着・座布団・円座・縁台（床几《しょうぎ》とも）・脇息《きょうそく》、収納具では葛籠《つづら》・行李《こうり》・箱・

櫃《ひつ》・長持・棚・広蓋・乱れ箱・挟箱《はさみばこ》・懸硯《かけすずり》・衣桁《いこう》、照明具では灯台・短檠《たんけい》・灯籠《とうろう》・燭台・提灯《ちょうちん》、暖房具では火鉢・炬燵《こたつ》、容飾沐浴具《もくよくぐ》では鏡・鏡台・櫛笥《くしげ》・手箱・盥《たらい》・湯槽、文房具では机・文台・本箱・文匣《ぶんこう》・硯《すずり》箱・見台、供膳具《きょうせんぐ》では高坏《たかつき》・衝重《ついがさね》・三方・盆・行器《ほかい》・食籠《じきろう》・膳棚などがそうである。

このうち屏風や衝立、脇息、衣桁などは古代の寝殿造以来あまり変わっていないが、挟箱などは、もとは挟み竹といって竹に衣類を挟んで旅にもっていったものである。これを近世初期に武士が箱に拵《こしら》えて大名行列などに携行するようになったものを、広く一般が使うようになったものである。本当の庶民階級まで普及したわけではないが、それまではごく一部の人にしか使われてなかったものが、商人、農民の上層部まで普及していった。この時期に家具として使われるようになったのである。これに対し行李は古くから階層を問わずに使われていた葛籠が変化したもので、近世になり大量生産が始まって、より軽便化したのである。

またこうした普及化・一般化にともない、形や使い方も大きく変わっていった。たとえば懸硯《かけすずり》がそうである。その一方、古代以来使い続けられてきたのに、江戸時代になって消えてしまった道具もある。まな箸《ばし》がそうである。そこで以下この二つについてみてみよう。

懸硯の変身

懸硯は序章「江戸時代にはどんな家財道具があったか」であげた『今昔八丈揃』の⑤がそうである。縦二五センチ・横一五センチ・高さ一八センチぐらいで比較的小形である。上蓋式になっていて、上蓋は一枚板で提手《さげて》がつき蝶番《ちょうつがい》で開けると中は硯箱になっている。下は小抽斗《こひきだし》が二、三杯あって、判、小刀、鋏、こより、小形算盤《そろばん》などを入れて使う。欅《けやき》製が多く金具は鉄が多い実用的なものである。最初は商業用だったが、やがて一般家庭でも必需品となって、江戸中期から大正期いっぱいあたりまで使われていた。

ところが、実はこの形は三回目の変身の結果であって、もともとは平安時代の浅硯箱《あさきすずりのはこ》であった。これは図20のように懸子《かけご》がついていて、これが硯箱になっており、身には薄《うす》様《よう》・唐紙《からかみ》・檀紙《だんし》などの紙を入れる。貴族調度の一つで螺鈿《らでん》・蒔絵《まきえ》などで豪華につくられていた。これが戦国期ころから図21のように縦型で前に片開扉がつき、中に抽斗が四、五杯あり、上には提手がついたものとなり、懸硯箱とよばれるようになる。縦四五センチ・横三五センチ・高さ四三センチほどで、かなり大きい。材料は桐、金具は鉄と実用的なつくりである。抽斗の一つが硯箱になっていて、そのほかにも鍵のかかる抽斗があるので現金や貴重品を入れることができる。硯箱付きの手提げ金庫である。これは商店用、あるいは公用の書類入

図21
戦国期に変身した懸硯箱
底に寛永５年の墨書有り．

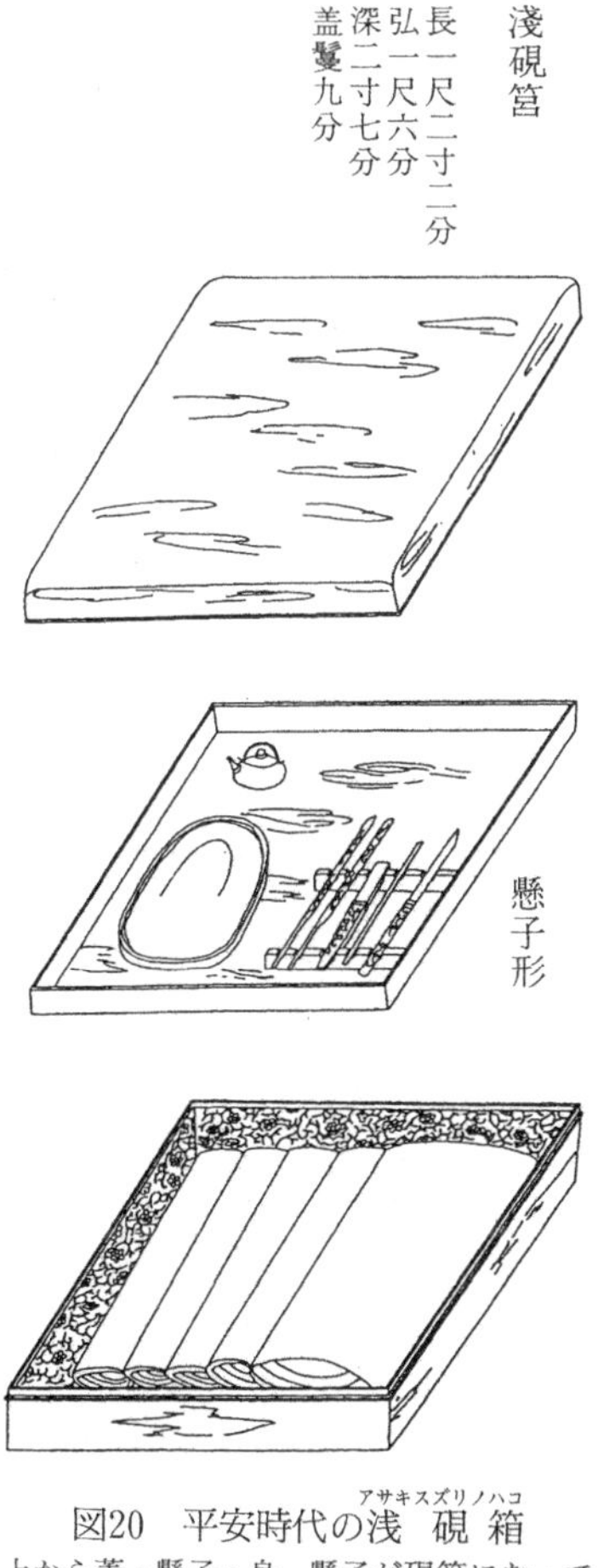

図20　平安時代の浅硯箱《アサキスズリノハコ》
上から蓋・懸子・身，懸子が硯箱になっていて身には紙を入れる．　『類聚雑要抄』

図22　江戸中期に3回目の変身を遂げた上蓋式の懸硯

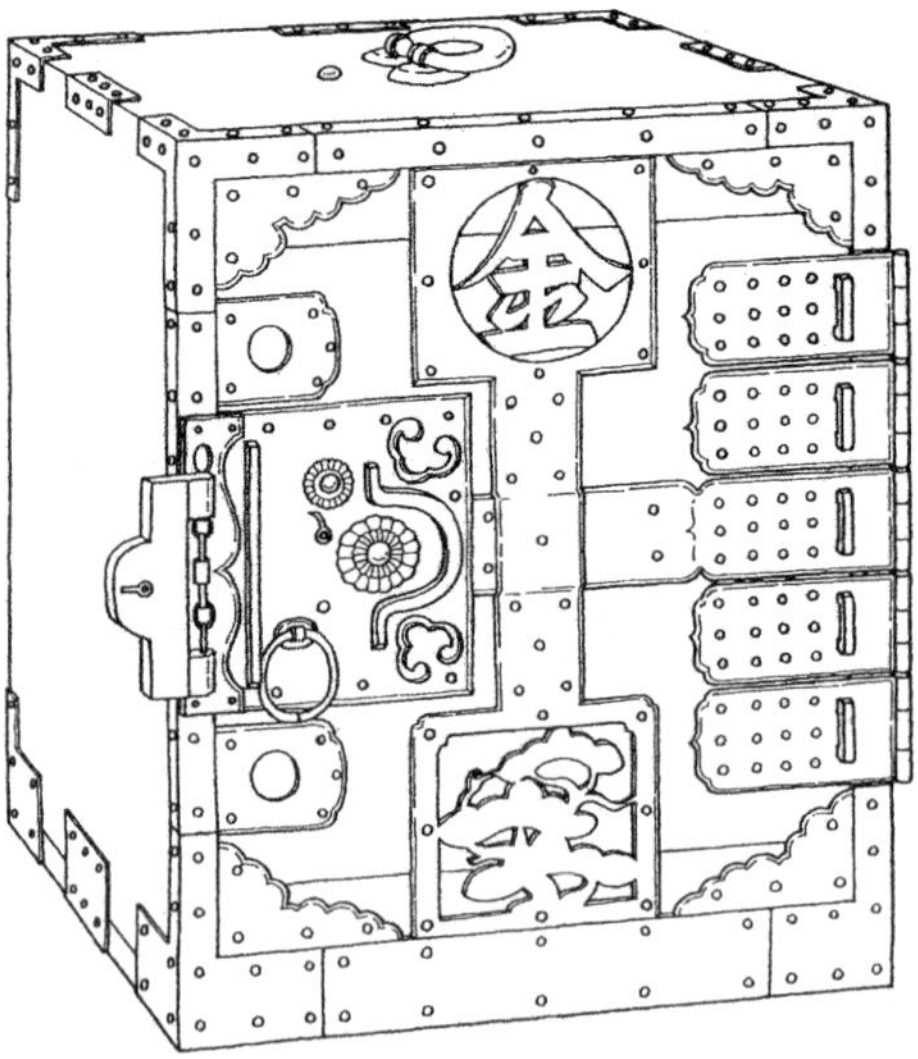

図23　廻舟で使われた懸硯
現在では舟簞笥と呼ばれている。

れとして使われていたが、廻船でも船頭の金庫として使われていた。これが江戸中期以降三回目の変身をして、最初にあげた上蓋式の懸硯になったのである（図22）。ただし廻船ではその後も形を変えずに使い続けられていた。これが現在、船簞笥（図23）とよばれているものである。

このように同じ懸硯といっても時代によって大きな違いがあり、それは常にその時代、時代の要請にもとづいていたのである。そしてこのうちもっとも大きな変化は二回目、すなわち戦国期の変身であった。

泉州堺と懸硯

懸子つきの硯箱から手提金庫式懸硯箱への変身——どうしてこういうことが起こったのであろうか。これについて私は泉州堺《せんしゅうさかい》が大きく関係していると考えている。つまり手提金庫式懸硯は近世初頭に泉州堺で創出されたのではないかということである。

「懸硯」という言葉が出てくる最初期の史料に『毛吹草』がある。一六三八（寛永一五）年に出た俳諧書兼地誌だが、この中に摂津の名産として「中浜の懸硯」という記載がある。摂津の中浜というところで懸硯が作られており、名物となっていたというのである。

では摂津の中浜とはどこかということになるが、これは堺の中浜だと考えられる。さいわい堺には近世初期の詳細な町割り・屋敷割りを描いた「堺大絵図」が残っている。一六八九（元禄二）年のもので、一軒一軒の間口・奥行きから住人の職業と名前が記載されており、この中の宿屋町中浜という場所に指物屋として四人の名前がある。堺は後に和泉《いずみ》になるのだが、中世は摂津の国に属した堺北庄と和泉の国に属した堺南庄から成っており、中央部に南北と東西で大道が交わる大小路があり、この位置に境界があったと考えられている。中浜は摂津に入っているので『毛吹草』でも摂津になっていたのであろう。だがそれだけではここが懸硯の産地だったとはいえないが、この点については宿屋町中浜の位置する場所に問題を解く鍵があると思われる。

堺は大阪湾岸の砂堆上にあり、大阪湾岸を南北に通る紀州街道に沿った南北に細長い町で、西は海に面し、東・南・北の三方には環濠を巡らしている。中央部で東西に通る大小路が直交しており、町割りはこの大道と大小路を軸に整然とおこなわれており、東の環濠に沿って寺町が配されている（図24）。

近世初頭の堺は「四辻」と称する北本郷、北端郷、南本郷、南端郷に分かれ、それぞれから出された惣年寄りが行政を担当していた。北本郷、南本郷とも大道に面した本町筋が中心であったが、中浜は北端郷に属し、本町から一つ西に並行して走る中浜筋通りに面し

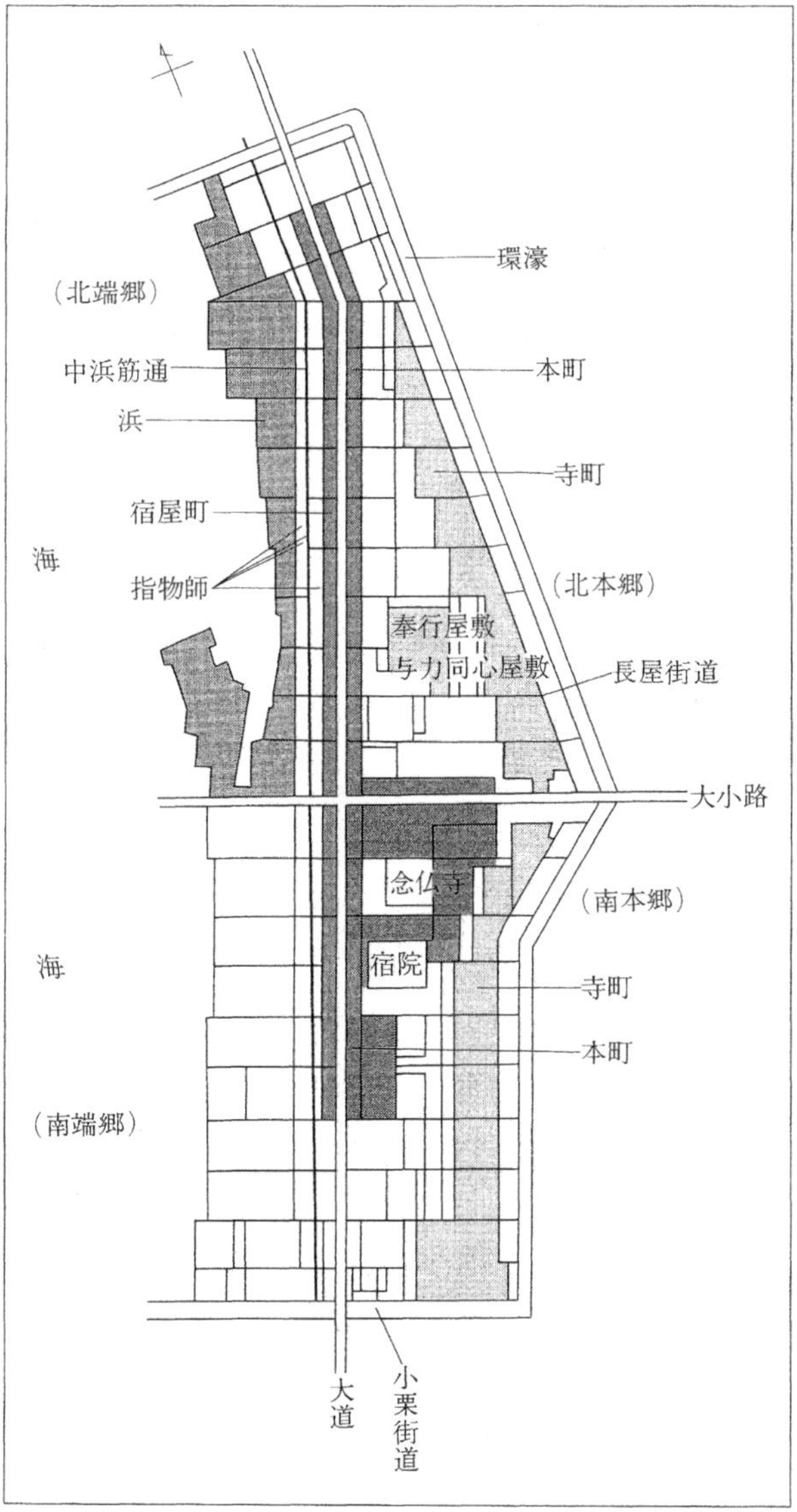

図24　元禄2（1689）年の堺南北の町組図

た南北に長い部分で、西側には海に面した浜が続いている。この中で指物屋がある宿屋町中浜は、大道と大小路の交差点から五つ目と六つ目のブロックの海寄りになる。この場所はメインストリートである大道のすぐ裏手の海寄りに位置しているということから中心地にも近いし、湊との結びつきもある場所だということがわかる。これは近年の発掘成果によっても裏付けられている。

そうなるとここは指物を製造するのにも、また移出するのにも都合のいい場所だったということになる。指物の産地となるには、材木の入手が容易な場所でなくてはならないし、同じ地域に職人が固まっていなくてはならない。メインストリートである必要はないが、あまりはずれでも不便である。中心地に近くて、しかも材料を干したり、完成品を積み上げておくくらいの空き地のある裏町などが最適である。その上、移出となれば港の近くでなくてはならない。その意味でここは満点である。以上の理由で、まず『毛吹草』でいっている中浜が、泉州堺の宿屋町中浜であったことは間違いないと考えている。

だがどうして堺という土地は、懸硯を変身させ、しかもそれが地誌にも載るほどの名産品にしたのであろうか。

周知のとおり、堺は古代以来、港として機能してきており、すでに鎌倉時代初頭から堺を拠点とする海運業がかなり発展していた。これが戦国期に入ると、遣明船発着の母港だった摂津兵庫津が戦乱の打撃をうけて堺に代わったことから一段と発展し、戦国期末には東南アジア貿易の重要な港となった。いわゆる糸割符貿易である。堺はその中心となり一六世紀の東アジアにおける国際貿易ルートの最東北端に位置する港湾都市として繁栄した。

こういう背景の中で堺は文化的にも当時の先端をいっていた。これは戦国期に戦乱を逃れて京都の文化人たちが避難してきたことも大きく、その影響で茶湯が盛んになった。とくに一休宗純の来遊を契機として大徳寺との関係が深まり、南宋寺が建立されたことから、大徳寺禅が町衆の間に広がって、武野紹鷗《たけのじょうおう》・津田宗及《つだそうきゅう》・北向道陳《きたむきどうちん》ら豪商たちに大きな影響を与えた。こうした中で千利休が侘《わ》び茶を大成したのである。

一方、近世に入ると伝統的産業の面でも大きく発展した。中世以来の鉄砲・刃物、また当時としては特殊な産業であった丹・朱・丁字油の製造や、さらには酒・木綿などの製造が盛んになった。つまり懸硯を製造するための条件は揃っていたのである。

「たんす」から懸硯へ

だからといって、それまでになかった形の懸硯が生まれるわけではない。なんらかの契機が必要である。そうなると鍵はあの手提金庫形という形である。実はこの形は戦国期に唐物《からもの》として輸入され、茶人の間で愛好された

「たんす」と同じなのである（図25）。中国語では担いで運ぶ箱という意味で「担子」と書く。これがのちに「箪笥」になるのであるが、このさいそれは別として、当時、この唐物のたんすが茶道具入れとして茶人の間で大いに珍重されたようだ。越前朝倉氏の館跡の奥座敷の井戸からも、「蟬のおたんすのかき」と「たんす」と書いた木札が発見されている。たんすの鍵につけられていたもので、おそらく当主の秘蔵品だったのであろう。『南方《なんぽう》録《ろく》』にも利休が「唐の組物のたんす」を茶道具入れとして使い始めたと書かれている。持ち運び用の茶道具入れとして使われたらしい。

やがてこの形式の物入れは本箱や玉薬入れ（図26）としても使われるようになるが、ともあれ唐物輸入の最大の窓口であった堺では、たんすについては早くから知っていたはずである。そこでその簡便さに目を付けた誰か知恵者の指物師が、これにヒントを得て実用向きに作り替えて、硯箱や書付を入れられる簡便な商業道具として「懸硯」と銘打って売り出したのではないか。

考えてみれば、それまでにこういう形の物入れはなかった。折しも近世初頭というこの時期は、商業が活発に発展し始めた時期に当たる。ちょうどこうした収納具が必要になっていたのであろう。たちまち評判となり、堺湊から各地に移出され、江戸時代に入るころ

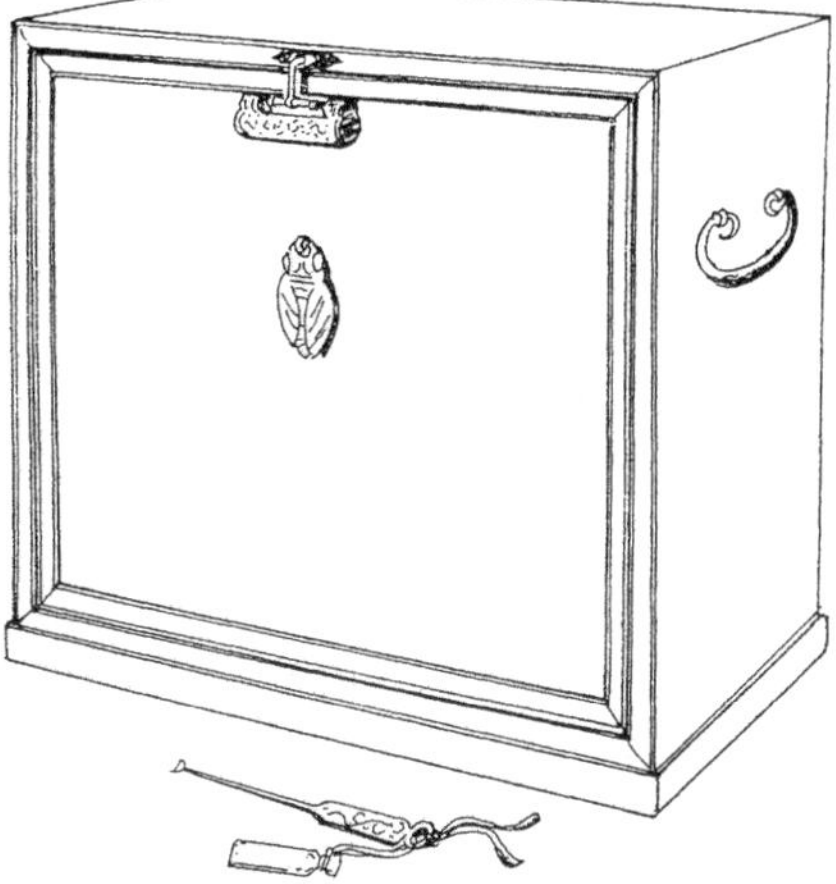

図25　越前朝倉氏居館から発見された「蟬のおたんすのかき」という木札から筆者が復元した茶道具入れの簞笥，ぶら環のつまみが蟬の図柄の玉製と推定した

図26　玉薬簞笥

図27　上蓋式の小型の懸硯を使っているところ　『其数々之酒癖』1779

には「中浜の懸硯」として地誌にも載るほどの名産品になったのではないか。またそれだけ堺という都市は、時代の要求をキャッチする鋭敏なアンテナを持っていたということになる。

だがこれはさらに変身を遂げ、江戸時代中期には小型の上蓋式になったのである。これはおそらくこの時期になると商業の規模がさらに大きくなって、もはや懸硯一つでは間に合わなくなったのであろう。このため別に帳箱や帳箪笥といった収納具が作られ、収納機能はこちらに移り、懸硯は筆記用具専用になった（図27）。これが最初にあげた三回目の変身である。

消えたまな箸

まな箸とは

まな箸とは七、八寸の鉄の棒に四、五寸の手元がついている箸《はし》である。ここにあげた図は『酒飯論』という室町時代の風俗画である（図28）。ここで魚と鳥を捌《さば》いている男が左手に持っているのがまな箸である。当時はこのように右手に包丁をもち、左手にまな箸を持って、まな箸で魚などを押さえて調理していた。まな箸は真菜箸《なばし》のことで、真《ま》は「本当の」とか「優れている」という意味、菜はおかずのことであるから、マナは「優れたおかず」ということであるが、これは魚や肉を指す。つまり魚や肉を捌くときに使うのがまな箸である。このため野菜など精進物には使わない。表8は絵画史料にみられる調理の場面をリストアップしたものだが、これでわかるように、人間・

図28　室町時代の『酒飯論』に描かれている台所
まな箸と包丁を使って鳥と魚を捌いている.

魚・猪・鳥にはまな箸を使用しているが、蓮根《れんこん》・豆腐・香の物などにはいずれも使っていない。ここに「人間」とあるのは地獄を描いたものだからであるが、ともあれ「肉」には違いない。

ところがよくみると一八一三（文化一〇）年の『方言修《ほうげんしゅ》行《ぎょう》金草鞋《きんのわらじ》』以降はまな箸を使ってない。しかも不使用の地域はすべて江戸である。ということは、〝古代以来、なまぐさものを調理するときにはまな箸を使っていた。だが一九世紀に入ると使われなくなる。それが江戸において顕著であった〟ということである。後になると関西でも使わなくなるが、まだ一九世紀では使ったり、使わなかったりである。

ではまな箸とはいったいどういう意味をもつものだったのか、なぜこの時期に使われなくなったのか、しかもその最初が江戸だったのはなぜなのだろう。

絵画史料にみる料理法

俎の上の品	まな箸	備　考
人間	使用	
人間	〃	
魚	〃	
れんこん	不使用	
魚	使用	
猪	〃	客の前
鳥	〃	
魚	〃	
豆腐	不使用	
魚	使用	包丁師
〃	〃	
〃	〃	
〃	〃	
猪		料理中でないため不明
香の物	不使用	
魚	使用	野菜は不使用
〃	〃	
〃	〃	
〃	〃	
〃	〃	包丁師
〃	〃	
〃	〃	
〃	〃	料理人
精進物	不使用	割肴師
魚	使用	
〃	〃	名古屋
〃	〃	
〃	〃	
	〃	絵入事典，俎，まな箸，包丁がセットで描かれている
鳥	〃	} 京都
〃	〃	
	〃	使用中ではないが，俎の上にまな箸と包丁がのっている
魚	〃	
〃	〃	
鳥・魚	〃	料理書．武家の台所（酒飯論に酷似）
魚	不使用	立って使用．煮うり酒屋
〃	〃	
〃	〃	
猪	〃	立って使用．ももんじや
魚	〃	立って使用．和泉町四方中店
〃	〃	初鰹ぼてふり
〃	〃	立って使用．出茶屋三分亭
〃	〃	立って使用．煮うり酒屋

表8

年代	出典
12世紀末	地獄草紙
13世紀	北野天神縁起絵巻
14世紀	慕帰絵詞
〃	春日権現験記絵巻
〃	松崎天神縁起絵巻
鎌倉末	聖徳太子絵伝（東博本）
室町時代	酒飯論
〃	〃
〃	〃
〃	七十一番職人歌合
16世紀中頃	月次風俗図屏風（東博本）
17世紀初期	花下遊楽図屏風（文化財保護委員会）
〃	洛中洛外図屏風（東博本）
寛永16，17（1639，40）	仁勢物語
〃	〃
17世紀中頃	川口遊里図屏風
17世紀後期	江戸図屏風（歴博本）
〃	〃
〃	四季風俗図巻（師宣画）
貞享2（1685）	和国諸職絵尽
元禄1（1688）	好色一代女
〃	好色盛衰記
元禄3（1690）	人倫訓蒙図彙
〃	〃
元禄6（1693）	西鶴置土産
元禄頃	契情双盃
〃	吉原之躰
正徳1（1711）	四季日待図巻
正徳3（1713）	和漢三才図会
明和5（1768）	七難七福図
〃	〃
安永8（1779）	無益委記
〃	其数々酒癖
寛政9（1797）	絵本吾妻抉
享和3（1803）	素人庖丁
文化10（1813）	方言修行金草鞋
文化12（1815）	北斎漫画（三）
〃	〃
文政9（1826）	傾城水滸伝
天保7（1836）	喜言上戸
弘化1（1844）	卯の花月
嘉永3（1850）	咲替蕣日記
安政4（1857）	北雪美談時代鏡

そもそもまな箸というものが何故使われるようになったのかといえば、これには日本の原始共同体における神観念と生け贄《にえ》の習俗が淵《えん》源《げん》となっている。日本の原始信仰は山や川など自然そのものが神で、その中でもっとも重要なものは御食津《みけつ》という生産の守護神であった。したがって祭りも豊《ほう》穣《じょう》祈願が目的で、豊穣をもたらしてくれる御食津に生け贄をささげて、その後、これを共同体の成員全員で食べるというものであった。その生け贄というのはもともとは猪などの獣肉で、これを捌く際に、神にささげる神聖な生け贄を人間の手で穢《けが》さないために用いられたのがまな箸だったのである。

まな箸の発生と包丁捌きの芸能化

これは古代には先の尖《とが》ったものに呪力が宿るという観念があったこととも関係深いのではないかと思われる。この観念は奈良県の三輪山麓にある箸墓、三輪山の大物主神《おおものぬしのかみ》の丹《に》塗矢《ぬりや》、天照大神《あまてらすおおみかみ》の梭《ひ》などの伝説にも見られるし、髪に簪《かんざし》を差すのも本来は魔《ま》除《よ》けだったといわれる。食後に箸を折って捨てる習慣なども、使った人の霊魂が箸に移るため、悪さをされないように折ってしまうのだという。したがって生け贄に箸を使うのも、手で穢さないためであると同時に、尖った棒でおさえることで穢れを避ける意味もあったのではないかと思われる。とすると最初はただの尖った棒だったのかも知れない。それが後に七、八世紀になって中国から箸の文化が入ってきて、箸を使うようになったのではないか。

ところが平安末から鎌倉時代にかけて、こうしたまな箸のもっていた意味が変わっていくのである。包丁捌きとして一種の芸能に変化していくのである。

日本の料理史家の江原恵氏によると、日本の料理史は四期に分けられるという。一期が料理史以前で古代から中世初期まで、二期が草創期で中世初期から近世初期、三期が完成期で近世中期から近代、四期が変革期で現代である。

平安末から鎌倉時代というのは一期の最後にあたり、この時期は料理史以前である。簡単にいえば生食時代であって、魚はいうまでもなく鳥や獣の肉も生《なま》か干物《ひもの》、あるいはせいぜい焼き物で食べていた。たとえば平安時代の『類聚雑要抄』には天皇や摂関家といった当時の最高貴族の宴会料理の記録があるが、メインディッシュは生物《なまもの》とよぶ鯛・鱒・鯉・雉《きじ》などの刺身と、貝物《かいつもの》とよぶ栄螺《さざえ》・鮑《あわび》・カセ・オウといった生の貝類、干物《からもの》とよぶすわやり（魚を細く切って干したもの）・干鳥《ほしどり》（雉の干物）・干蛸・蒸鮑（鮑を蒸して干したもの）の干物類、窪坏物《くぼつきもの》とよぶイ・ホヤ・クラゲ・モムキコミなど塩辛類で、生物や貝物は酢・塩・醤・酒の調味料をつけて食べるだけである。器も大小があるだけで同じようなかわらけで、まことに愛想がない（図29）。

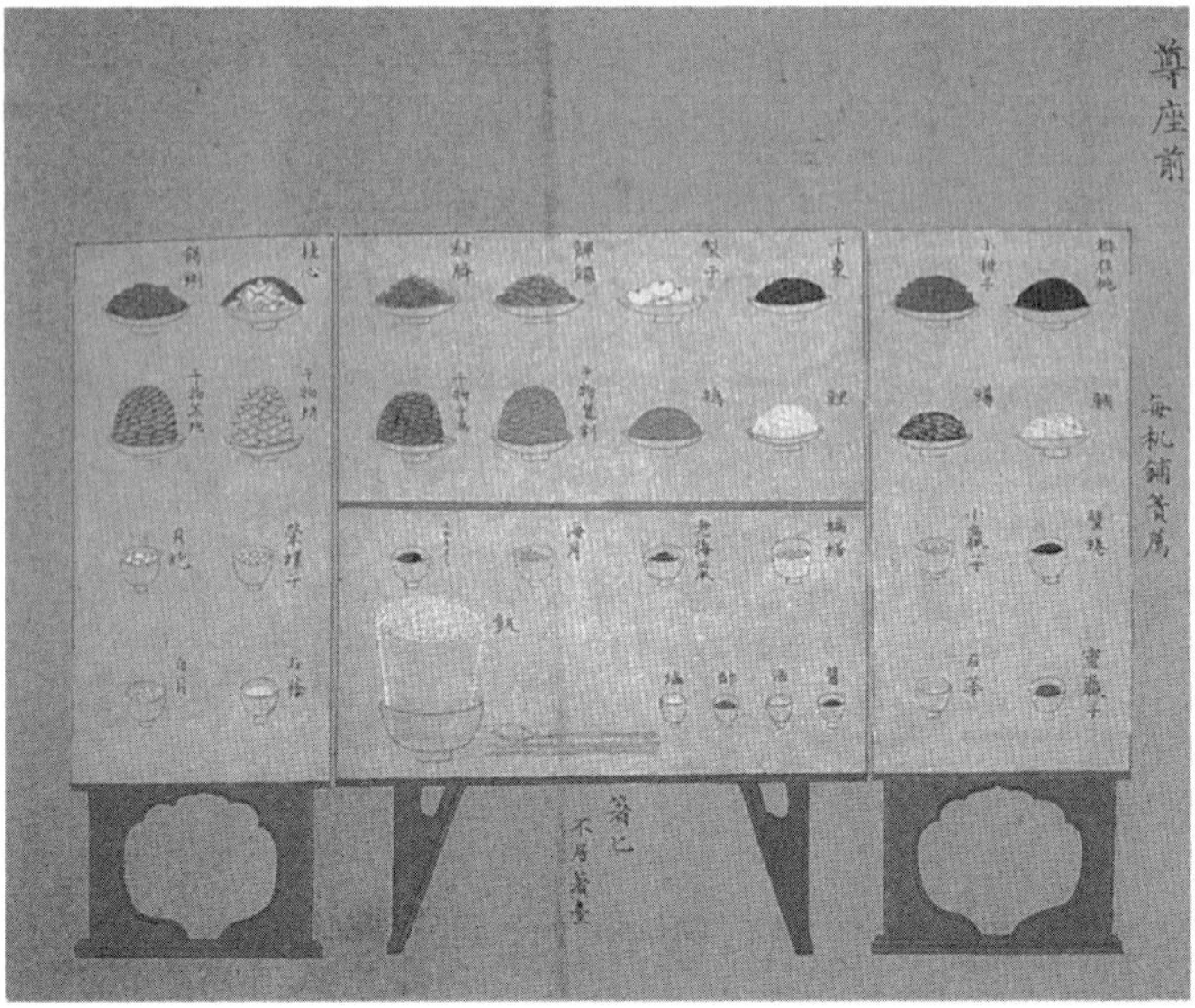

図29　『類聚雑要抄』を江戸時代に立体図化した絵巻に描かれた平安時代の宴会料理

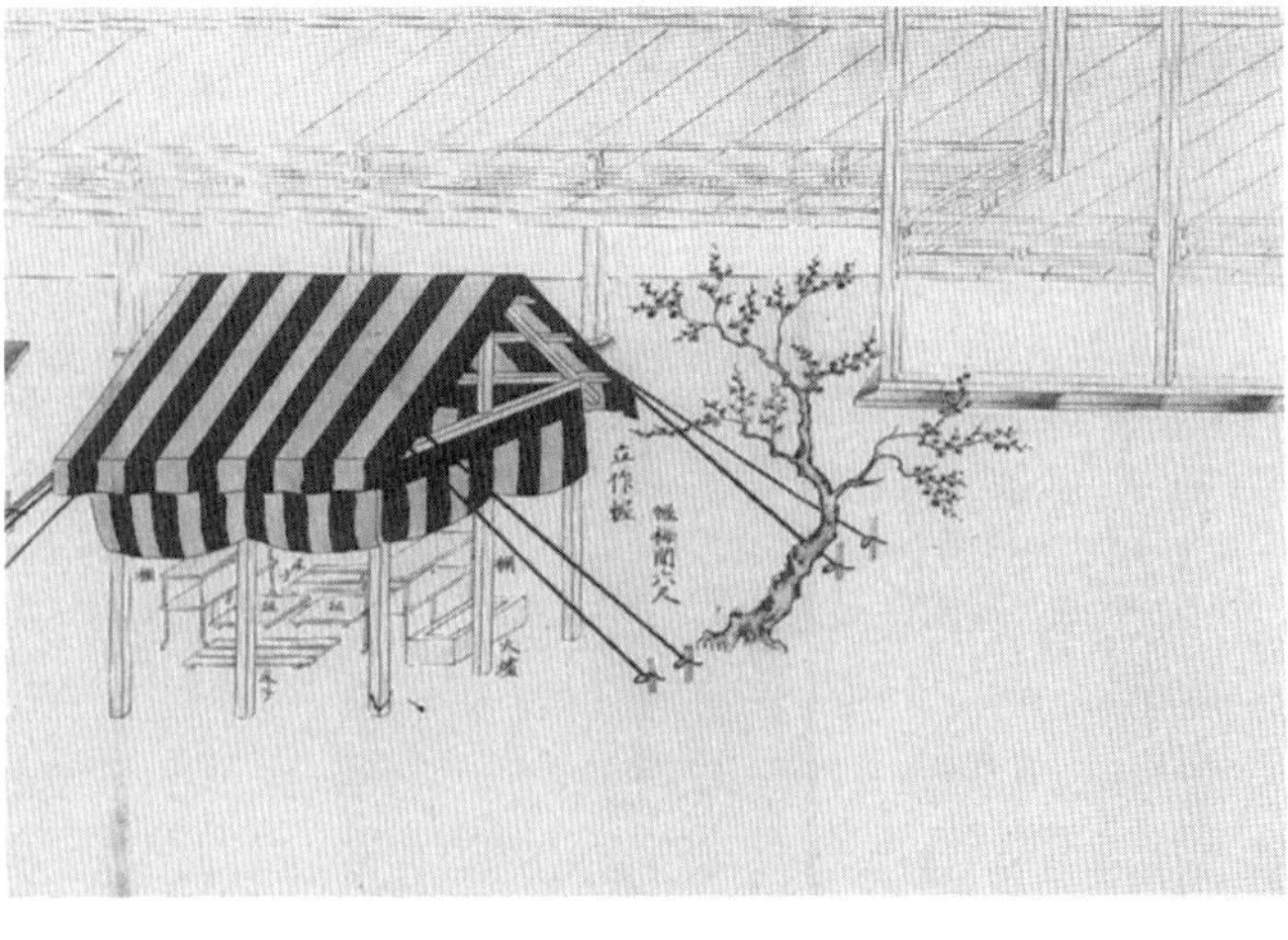

図30　宴会が行われる殿の庭に設けられた料理所

そこでこれをおぎなう意味もあったのだろう。客が居並ぶ寝殿に面した庭にテントを張って料理所とし、客側のテントは開けておいて、余興として調理しているところを見せたのである（図30）。いうまでもないが、このときも魚鳥の調理の際にはまな箸が使われた。

これが鎌倉時代あたりになると主人自身が調理して、客へのもてなしとするようになるが（図31）、さらに室町時代の中ごろになると包丁師として職業化する（図32）。武家社会が固定化して、儀式、作法、弓矢の術などが形式化していくなかで、料理も職業化、家職化して固定していったのである。天皇家の料理人としては古くから高橋家、大隅家があって、正月には天皇の前で「鶴の包丁」というものをおこなっており、公家の場合もそれぞれ包丁名人を抱えていた。これを武家自らを権威づけるために取り入れたのである。

大草《おおくさ》流、進士《しんじ》流などが幕府の料理人として成立するのもこのころで、その結果、格式張った武家の料理文化が作られていったが、やはり古代以来の包丁捌きが重要視され、烏帽子《えぼし》をつけた包丁人がまな箸を使って鶴や白鳥を捌いて供することが武家の正式な行事となった。さらにこれが江戸時代に入ると、さまざまな技術分野で家元制度というものが成立していくなかで、一般の料理職人の間にも家元制度が確立されて、まな箸と包丁がそのシンボルとなったのである。

図31　鎌倉時代に描かれた『聖徳太子絵伝』
客の前でまな箸と包丁を使って猪を捌く．(東京国立博物館蔵)

図32　室町後期の『七十一番職人歌合』に描かれた包丁師

江戸時代は日本料理の完成期にあたる。しかし日本料理は依然として魚の刺身が中心であったし、野菜でも切り口の美しさが重視された。このため包丁捌きは料理職人にとっての腕の見せどころであったが、この時期になると、魚鳥を捌く包丁師と野菜を切る割肴《きざみさかな》師《し》（図33）とに分かれて独立した。もちろん包丁師の方が格が高く、それだけに伝統が重んじられ、当然まな箸も使われていた。

江戸という都市

ところが長い伝統をもつまな箸が、一八世紀後半から一九世紀にかけて急に使われなくなるのである。その原因の一つは、料理と料理をとりまく環境の変化である。江戸時代は日本料理の完成期だといったが、鎌倉から室町時代にかけて宋の料理文化の影響、調味料の発達、鍋や擂り鉢の普及などによって、野菜、乾物、味噌、豆腐、納豆、麵類が多く使われるようになった。ついで近世初期には南蛮《なんばん》料理の揚げ物が入ってきて、日本料理に大きな影響を与えた。その結果、生物と干物中心から、味付けされた煮物や和《あ》え物や揚げ物が加わるようになり、冷たい料理から温かい料理に変わったのである。また茶の湯が盛んになって懐石料理が発達し、食器や盛りつけが重要視されるようになった。一方でこの時期は日本の陶磁器産業が急成長し、各産地でさまざまな食器が生産された。

図33　江戸前期の『人倫訓蒙図彙』に描かれた割肴師
精進物には手を使っている．

図34　まな箸をやめて手を使っている江戸の魚屋
三代豊国「卯の花月」1844

その結果、宴会料理も依然として刺身が主役であったものの、味付けされた温かい料理と美しい食器や盛りつけが大きな位置を占めるようになり、包丁捌きは影が薄くなっていった。とはいえ古くからの伝統は、強く料理人をしばっていたようで、風俗画などをみても一八世紀前半まではまな箸を使っている。まな箸をまったく使わなくなるのは一九世紀、江戸後期に入ってからである（図34）。

そこでこの一九世紀という時期をあらためて江戸時代の文化全体の中でみると、上方文化に対して江戸文化というものがはっきりと確立された時期だということである。一八世紀後半から、生産面でも江戸地回り経済圏が発展してきて、上方からの下りものに頼っていた繊維製品、手工芸品、醸造品も江戸周辺で間に合うだけでなく、上方や全国へ移出するようになった。それにともなって江戸独特の文化が育ってきた。江戸で生まれて、江戸で育った生粋の江戸人であるという意味の「江戸っ子」という言葉が生まれるのも一八世紀後期である。歌舞伎、浮世絵、川柳、狂歌、洒落本《しゃれぼん》といった江戸独自の文化が発達して、日本文化の中心を占めるようになった。そしてこの江戸文化の大きな特徴は、伝統に縛られていないということであった。

加えて人口一〇〇万を超える過密都市で、しかもその大多数が裏長屋の住人に代表される細民層であったから、スピードと簡便さと実質こそがなによりであった。そうした要求に応えて、つぎつぎと生まれたのがそば屋、寿司屋、丼飯、鰻屋、天麩羅《てんぷら》屋などの屋台店とか掛茶屋である。これらの店は安くて、すぐ出てくるのが特色だったが、その代わりぞんざいだった。たとえば「けんどんそば」がそうだが、もりきり一杯で挨拶もないので、突《つ》っ慳貪《けんどん》の慳貪からきた名前だといわれる。また食物の振り売りも多く、そば屋、寿司屋、天麩羅屋なども振り売りだった。一方では町人の経済力の上昇にともなって高級な料理屋も多くなったが、そうした料理屋も、多くは伝統ある包丁師の系譜とはまったく別のところから生まれている。たとえば江戸でもっとも有名な「八百膳《やおぜん》」も前身は八百屋だという。おそらくこのような伝統を無視する風潮の中で、料理の世界も大きく変わっていき、いつしかまな箸も使われなくなってしまったのであろう。

考えてみればまな箸を使わなくても魚鳥を捌くことは充分にできるし、むしろその方が便利であり、早い。ということはまな箸を捨てさせたのは、まさに江戸という都市そのものだったということになる。

家財道具からみた暮らしと社会

大きな階層差・地域差

これまで主に道具と生産、技術、経済の関係をみてきたので、ここでは道具と社会とか個人的な生活との関わりをみていこう。家財道具目録を使って江戸時代の暮らしの特徴を考えてみたい。

家財目録から

表9は手元にある三二通の江戸時代の家財道具目録から、家財・什器《じゅうき》類を中心に分類し、階層別家財所持量と比率を整理したものである。年代は元禄一二(一六九九)年から文久元(一八六二)年まで、一七世紀末から一九世紀半ば過ぎまでである。都市中下層以外は農家である。農家にかたよっているし、目録数も三二通であり、また数量の記述の仕方もまちまちであるため、データとしては不備である。そのため大きな傾向を見るにとど

まるが、これだけでも階層による差が大きかったことがわかる。総数で最上層が二五〇〇余りに対し中下層は約七五〇であり、上層以上（A＋B）と中下層（C＋D）を比較すると、前者は後者の一五倍である。江戸時代は家財道具が普及した時代とはいえ、個々に見れば上下の格差は非常に大きかったのである。中でも差が大きいのは衣類・寝具と供膳《きょうぜん》具《ぐ》である。最上層・上層と中下層を比べると、衣類・寝具が前者は後者の三九倍、供膳具が約三八倍である。しかもこの場合、衣類・寝具は一括して一つに数えているものが多いし、供膳具の方も十客一組でも一つに数えているため、実数はこれのさらに十数倍になるわけである。その上、いうまでもなく量だけではなく、質の差も大きい。上層以上では衣服も絹物が多く、麻でも上等な上布だし、着物、羽織、袴《はかま》、帯、道中着等々と種類も豊富である。寝具も同様である。供膳具も高級漆器や高級陶磁器、銀・錫などの高級金属器ばかりだが、中下層はほとんどが実用衣服、実用食器ばかりである。この点は衣服・寝具・供膳具だけでなく、他の家財も多かれ少なかれ同様である。

またそれだけでなく家財の種類についても差が大きい。たとえば表10は最上層のうちの一軒である甲斐国依田家の家財目録であるが、これでも目録全体のごく一部である。「刀剣脇差之類」「掛物之類」「諸道具之類」「持仏膳椀《じぶつぜんわん》之類」「瀬戸物之類」「書物之類」「雑道

表 9　階層別家財所持量と比率

	最上層(4戸)		上層(3戸)		中下層(18戸)		中下層都市(7戸)		A/D	(A+B)/(C+D)
	総数	一戸平均(A)	総数	一戸平均(B)	総数	一戸平均(C)	総数	一戸平均(D)		
家具・道具・建具	186	46.5	217	72.3	141	7.8	104	14.9	4.7	7.5
文房・経営	94余	23.5	17	5.7						
照明・暖房	56	14	22	7.3	29余	1.6	22	3.1	4.5	5.6
厨房具	198	49.3	103	34.3	157	8.7	69	9.9	5	4.8
供膳具	1647	412	303	101	143余	7.9	41	5.9	69.8	37.7
衣服・寝具	230	57.5	43余	14.3	17	0.9	9	1.3	44.2	39
その他	97	24.3	9	3	3	0.5	11	1.6	15.2	18.9
合　計	2508余	627	714余	238	496余	27.6	256	36.6	17.1	15.3

内訳および出典

最上層

①山城国相楽郡西法花野村浅田七郎右衛門（大庄屋），「建物諸道具付立帳」(1725)（東京大学経済学部蔵「浅田家文書」）．②甲斐国山梨郡栗原筋下井尻村依田家（大地主），「諸道具之覚」(1730)（国立史料館蔵「依田家文書」）．③武蔵国秩父郡上名栗村町田家（山村豪農），「勝手小道具改帳」(1836)（学習院大学史料館蔵「町田家文書」）．④信州佐久郡五郎兵衛新田村柳沢新左衛門（名主），「家財道具改覚帳」(1840)（信濃国農村開発史研究所蔵「柳沢家文書」）．

上層

①下野国平出村名主，「家督相渡ス目録」(1712)（『栃木県史』史料編近世1）．②信濃国佐久郡小平村儀右衛門（村内有力農民），「払もの附帳」(1789)（「小平村吉沢家文書」）〔尾崎−1992〕．③駿河国興津八木間村政右衛門（上層農民），

「家財有品取調帳」(1847)〔塚本－1982〕.

中下層

①甲府領前山村又兵衛,「欠落人又平衛家財改め」(1699)(『長野県史』近世史料編第2巻(1)). ②駿河国吉永村長左衛門,「吉永長左衛門入牢之節諸道具改村方へ預り候覚」(1707)〔塚本－1982〕. ③出羽国村山郡山家村伊三郎,「家内御改帳」(1725)(国立史料館蔵「羽州村山郡山家村山口家文書」). ④信濃国佐久郡小平村武左衛門,「払物覚」(1766)(「小平村吉沢家文書」)〔尾崎－1992〕. ⑤同村与助,「払物覚」(1781)〔尾崎－1992〕. ⑥同村文左衛門,「払物覚」(1785)〔尾崎－1992〕. ⑦同村万之助,「払物覚」(1786)〔尾崎－1992〕. ⑧同村宇伝次「払物覚」(1789)〔尾崎－1992〕. ⑨同村勘十,「払物覚」(1789)〔尾崎－1992〕. ⑩同村次右衛門,「払物覚」(1789)〔尾崎－1992〕. ⑪信濃国諏訪上金子村,「家財払い」(1795)(『諏訪市誌』中巻)〔永池－1992〕. ⑫信濃国更科郡上平村佐五左衛門,「潰れ百姓の居家・諸道具書上帳」(1800)(『長野県史』通史編第6巻近世3)〔永池－1992〕. ⑬信濃国佐久郡小平村重右衛門,「払物覚」(1801)(「小平村吉沢家文書」)〔尾崎－1992〕. ⑭信濃国上田領田中組岩下村儀右衛門,「払物覚帳」(1828)〔尾崎－1992〕. ⑮信濃国伊那和合村長重郎,「潰れ百姓が村に差出した家と家財」(1850)(『長野県史』通史編第6巻近世3)〔永池－1992〕. ⑯信濃国諏訪,「家財払い」(1856)(『諏訪市誌』中巻)〔永池－1992〕. ⑰土佐国安芸郡馬路村,「風土取締指出帳」(1857)(『近世村落自治史料集』2土佐国地方史料)〔香月－1986〕. ⑱信濃国小県郡和田宿,「類焼見舞品」(1861)(『上田小県誌』第2巻)〔永池－1992〕.

中下層都市

①江戸本石町一丁目裏長屋住人,「貸店十五番西川要助居所入用品書」(1780－1800)(『江戸住宅事情』都市紀要34, 東京都). ②江戸浅草橋場町長八店仙之助,「従文政三辰年至天保十亥年取上建家并家欠所之部」(1829)(国立国会図書館蔵). ③江戸本芝二丁目三四郎店勇見,「同」(1825). ④江戸新吉原・京町一丁目清助店ひさ方同居万吉こと浪太夫,「同」(1826). ⑤江戸山王町庄七店数助,「同」(1828). ⑥江戸下谷坂本町又右衛門店吉兵衛,「同」(1828). ⑦江戸御留居店与力地借町医長英,「同」(1839).

『岩波講座日本歴史13巻・近世3』より

表10　甲斐国山梨郡栗原筋下井尻村依田家の家財道具

家具 道財 建具	〔収納〕長持10　箪笥3　挟箱5　柳行李3　箱梯子3，〔屏障〕六枚屛風3　四尺六折屛風1　二折屛風1，〔座臥具〕脇息2，〔裁縫〕火のし1，〔容飾〕鏡1　櫛箱1　(計34)
文房 経営	〔収納〕文庫1　引出箱1　帳箱箪笥2，〔筆記〕硯1　硯箱2　懸硯箱1，〔机〕机2，〔商道具〕銭箱1　(計11)
照明 暖房 燃料	〔照明〕行灯5　燭台1　千石あかり1，〔暖房〕火鉢3　こたつ1　火箸3　(計14)
厨房具	〔桶樽〕桶35　樽7　半切5，〔臼〕臼3　杵4，〔釜鍋〕鍋10　銅壺1，〔切具〕包丁9　まな板4　まな箸1，〔麺打具〕のし板2，〔その他〕魚箱1　(計82)
供膳具	〔椀壺平〕椀139，〔茶碗皿〕手塩皿90　刺身皿40　皿200　茶碗83，〔盆膳〕盆34　膳129　三方2　懸盤5　折敷76　菓子盆20，〔壺鉢〕鉢8　壺4　茶壺2，〔重箱弁当〕重箱19　切溜29　肴重1　茶弁当2　入れもの6，〔飯つぎ〕飯つぎ(台・杓子とも)9　飯つぎ入れ箪笥1，〔酒つぎ〕銚子1　盃12　盃台1　猪口112　酒入れ4，〔注器〕湯桶6　水こぼし15　茶入れ1　湯つぎ1　水入れ壺2　やかん1，〔喫煙〕煙草盆5　(計1060)
農具 生産素材	〔農具〕鍬3　鎌2　ふるい8，〔工具〕なた1　(計14)
食料	〔穀物〕穀入れ(米6斗入り)12　(計12)
その他	〔趣味〕盆石(台とも)2　碁盤2　見台1　茶壺1　茶台5　茶釜2　茶箪笥1，〔仏具〕花立2　(計16)

表11　中下層農家の家財道具

	信濃国佐久郡小平村 武左衛門	信濃国上田領田中組岩下村 儀右衛門
家具 道具 建具 (文房含む)	箱2　櫃2　さわら3　(計7)	はたく1　屛風1　つくい1　ねこ1　盥1　水風呂1　小ござ1　算盤1　(計8)
照明 暖房 燃料	火箸1　(計1)	行灯1　わり木1　炭1　囲炉裏1　(計4)
厨房具	茶釜1　鍋1　桶1　石臼1　立臼1　(計5)	石臼1　石鉢1　七厘1　打板1　口鍋1　すり鉢1　月の輪1　手桶1　大釜1　(計9)
供膳具	湯桶1　徳利1　(計2)	櫃1　かわらけ1　盃1　茶碗1　皿1　重箱1　膳1　二の膳1　猪口1　徳利1　煙草盆1　(計11)
衣服 寝具	どうらん1　(計1)	から傘1　わら蓑1　(計2)
農具 生産素材	鎌2　するす1　紙漉道具1　肥桶1荷　下肥5荷　糠6俵　藁3駄　灰3俵　(計22)	鎌1　砥なた1　あさ袋1　鋸1　鎌1　ふるい1　ほうもっこ1　鋤1　まいかき1　桑種1　かへこ竹1　はたこ1　へ台1　真綿けた1　釣針1　万台1　(計16)
食料		塩桶1　(計1)
その他	持仏1　(計1)	仏檀1　(計1)

表12　江戸本石町一丁目裏長屋住人の家財道具

家具 建具 文房	手水盥1　畳8	(計9)
照明 暖房 燃料	火口箱1　火打石金1　十能1　行灯1	(計4)
厨房具	竈1　釜1　鍋1　蒸籠1　茶釜1　上げ流し1　小桶1　手桶1　柄杓1　包丁1　すり鉢1　小柄杓1　貝柄杓1　味噌漉1　ざる2	(計16)
供膳具	徳利1　茶碗2　ずんどう1	(計4)

具之類」「衣服之類」に分かれている中の諸道具・膳椀・瀬戸物・雑道具の四種だけであるから全体は膨大な量である。それでもこの四種の中に家具・文房・経営・照明・暖房からその他までまんべんなく揃っている。

これに対し表11は中下層農民の二例、信濃国佐久郡の武左右衛門と上田領の儀右衛門家、表12は都市中下層民の一軒、江戸本石《ほんこく》町の裏長屋の住人の家財である。儀右衛門家だけは没落農民であるため、多少家財類があるが、全体的にものの種類がきわめて少なく、家財らしい家財はない。生活用具で比較的充実しているのは厨房具であるが、これはなくては暮らせないためであろう。

同じことが発掘資料にもみられる。たとえば江戸の四谷三丁目遺跡からの出土品は、擂《す》り鉢・火消し壺・中甕・植木鉢・高田徳利・ひょうそく・灯明受け皿・塩壺・合子《ごうす》・小坏《こつき》・小椀・中椀・小皿・五寸皿・中皿・中鉢・ほうろくである。この遺跡は北三分の一が御持ち弓組同心に与えられた組屋敷で、南三分の二が四谷塩町の町家であるから、いわば中流であり、時期は一八世紀から一九世紀である。出土品のため陶磁器しかないが、こと陶磁器に関しては中下層農民・都市民とほぼ共通していることがわかる。おそらく他の家財についても同じようなことがいえるのであろう。

階層差・地域差

江戸時代、豪商や豪農が経済力において大名をしのぐ力を持つようになったことはよく知られている。これをよく示すのが婚礼道具である。江戸時代に入り、町人や農民のあいだにも嫁入道具の習慣が始まったが、経済力を誇る豪商や豪農などは膨大な量の豪華な嫁入道具を用意して娘に持たせた。

その一例として京都が本店で江戸に出店を置いていた豪商柏原家に、大坂の鴻池と並び称された豪商那波家から嫁いできたりよ女の嫁入り道具「栄長公婚礼道具」がある。嫁いできたのは宝永期（一七〇四〜一一）ころとみられる。公開されているので実際に見ることもできるが、大名の娘の婚礼調度にならって、厨子棚・黒棚・書棚の三棚をはじめとして、鏡台・鏡架・櫛台・十二手箱・眉作箱《まゆつくりばこ》・角盥《つのだらい》・半挿《はんぞう》などの化粧道具、香箱・薫物台《たきものだい》などの香道具、書見台・机・硯箱などの文房具、貝合わせ・双六《すごろく》盤・歌留多《かるた》などの遊戯具、重箱・行器・茶弁当などの行楽用の道具から茶道具、さらには裁縫道具・帯箱・唐櫃《からびつ》・脇息《きょうそく》・香枕、腰湯のための道具まで、黒漆塗《うるしぬり》に金蒔絵《まきえ》の定紋入りで豪華に作られている。しかもそれぞれの中には、数百点を超える道具が納まっている。

三代将軍家光の娘、千代姫が寛永一六（一六三九）年に尾州徳川光友に嫁いだときの婚礼調度「初音の調度」が現存し、江戸時代の婚礼調度の最高品といわれるが、漆工芸技術においてはこれに一歩をゆずるものの、品揃《しなぞろ》えにおいては遜色ないものである。

一七世紀末以降、『女用訓蒙図彙《じょようくんもうずい》』『女重宝記《おんなちょうほうき》』『女教大全姫文庫《じょきょうたいぜんひめぶんこ》』『女訓宝文庫《じょくんたからぶんこ》』『婚礼道しるべ』など、百数十種にものぼる町人向け女訓書が刊行されているが、これらのほとんどが武家の方式を真似た婚礼道具を載せている。それも時代が下るにつれ品数がふえていって、寛政（一七八九〜一八〇一）ころの『婚礼道具図集』などになると四〇〇種近い道具があげられている。「豪福等が聟取《むこと》り、嫁入りなどの節の土産の品も、武家は中々及び難く、衣類、諸道具は勿論のこと、余多の金銀、地面などを附け遣はし」「村役人をはじめ富めるやからは或いは婚礼・聟取り・諸祝儀・仏事など、すべて武家の礼式に倣《なら》いて大造なる招請饗応などなし」（『世事見聞録』一八一七年）というような状況が現出し、さらに文化・文政期（一八〇四〜三〇）に入るといっそう贅沢になっていった。

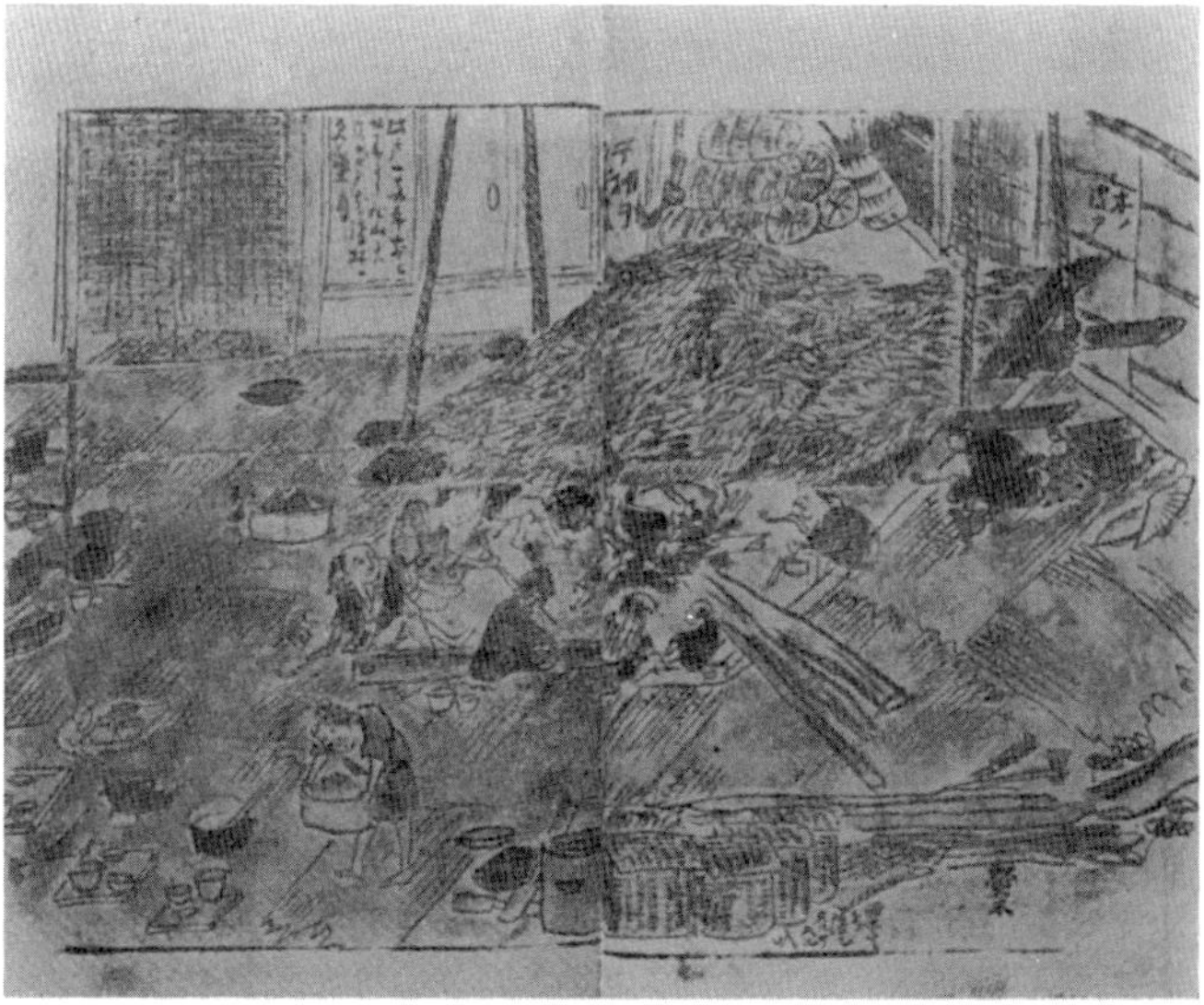

図35　鈴木牧之『秋山紀行』に描かれている牧之の泊まった家の中

一方、これとまったく反対だったのが僻地の山村などである。これを鈴木牧之《ぼくし》の『秋山紀行』でみてみよう。これは平家の落人村という伝説のある、越後に接した信州の山の中、秋山郷の探訪記である。牧之は文化一一（一八一四）年九月にこの地を訪れ、見聞を「偽らず・飾らず」記録した。この中のたとえば小赤沢《こあかざわ》という集落についてつぎのように書いている。

村中の戸数は二八軒、このうち土壁の家は二軒だけで、あとは茅壁《かやかべ》である。しかもその半数は掘建て住居で、土間に薦《こも》を敷いて、建具の代わりに筵《むしろ》や薦を下げている。夜具は村中で一つか二つしかない。ぼろの着物の上に網衣《あんぎん》といって、いら草を緯糸とし麻を経糸として俵編みのように編んだ普段着を着たまま、帯も解かずに炉縁を枕に寝るか、あるいは叺《かます》に入って寝る。夫婦は大きい叺一つに入る。蠟燭も油もなく、松根を燃やして明かりとし、土瓶もやかんもなく、鉄の茶釜《ちゃがま》が村中で一つか二つあるだけである。

牧之が泊まったのは、最近家を建て直したばかりの土壁の家であったが、六間に四間ほどで、やはり土間に薦敷きであった（図35）。ただこの家だけには閨《ねや》との境に持仏堂（仏壇）が置かれ、小さな釣棚に大神宮の御宮もあった。囲炉裏の鉤《かぎ》は股になった木で、火箸の代わりに木の枝を使い、松根を欠け鍋で燃やして明かりとしていた。煙草盆はもちろん、盥《たらい》も風呂もなければ草履《ぞうり》も下駄もない。来客用の食器も縁が欠け塗りがはげた赤い椀で、これに粥《かゆ》を盛り、栃の折敷に載せて出してくれた。家族は自家製の曲物《まげもの》の大櫃と鍋と椀だけである。朝食を食べているところを見ると、大きな栃の木鉢で稗粉《ひえこ》をこね、青菜を塩茹《ゆ》でにしたものを混ぜて炉で炙《あぶ》った焼き餅のようなものを、炉端に集まって膳もなしで食べている。この家なら夜具があるだろうと泊まったのだが、出してくれたのは炉端に敷いてあった山菅織りの筵と、掛けるものは苧屑《おくず》を紙漉《かみす》きのように漉いて干し固めた打綿を中に入れた着物で、短いため、寝ると脛《すね》がでてしまったという。これでもこの家は村でいちばん裕福な家だというのである。『秋山紀行』が書かれたのは、時期としては表11の儀右衛門家と同じであるが、山奥はこんな状態だったのである。階層により、地域により、生活水準に大きな差があったのも江戸時代の一つの特徴である。

付き合い重視の社会

表9でみたように階層差がもっとも大きいのは供膳具《きょうぜん》であった。上層階級では非常に多くの供膳具を持っていたということである。

人寄せ・贈答の多さ

その上内容を見ると、朱漆蝶脚膳《しゅうるしちょうあしぜん》・宗和黒溜塗膳《そうわくろためぬりぜん》・日光膳・大皿・沙鉢《さはち》・硯蓋・盃・盃台・湯桶《ゆとう》などといった宴会用、あるいは重箱・提重《さげじゅう》・食籠《じきろう》・行器・広蓋・茶弁当などの行楽・贈答用のもので占められていたことがわかる。

このうちの蝶脚膳は（図36）、脚の形が蝶の羽に似た背の高い膳である。漆蒔絵や家紋入りで豪華に作られており、膳の中ではもっとも格が高い。来客、それも身分が高かったり、その家にとって重要な客に使われた。宗和膳は下が内側に丸く丸まっている脚がつい

湯桶

蝶脚膳

宗和膳

図36

食籠▲

提重▼▶

茶弁当▼

行器▼

図37

た黒漆塗りか朱漆塗りの低い膳である。これも客用だが、盆の棚経《たなぎょう》にきた坊さんとか親戚などといった程度の来客用である。沙鉢は豪華な錦手《にしきで》などで装飾された大きな深皿である。刺身などを盛って宴席に出す。硯蓋は口取りを盛って出すものである。角盆に似て、漆蒔絵などがほどこされ華やかに作られている。湯桶は宴席で汁を注ぐための注器である。漆器で把手と注ぎ口がついている。朱漆塗りなどにした、これも華やかなものである。いずれも宴席を格調高く、かつ華やかに場を盛り上げるためのものである。

提重は、花見や観劇の時に使う携帯用の重箱である（図37）。料理や菓子だけでなく、酒入れや銘々皿などを組み合わせて、持ち運びできるようにつくられたもので、美しい蒔絵などがほどこされている。食籠もやはり行楽や観劇用で、菓子や餅などをいれる。行器は蓋付きの大きな円筒形の容器である。脚が付いており、紐通しの孔が開けてあり、ここに紐を通して蓋の上で結ぶ。もともとはこの紐で天秤棒にくくりつけて運んだものである。祝儀用の餅や饅頭などを入れて親戚などに届けるのに使われた。茶弁当は携帯用の燗《かん》道具つきの弁当セットである。野外で燗ができるようにこんろを入れてあり、酒入れや料理を入れる重箱、取り分け皿などがコンパクトに組み合わせてある。外枠がついていて、これで天秤棒で担いで持ち運べるようにしてある。もともとは大名行列のために作られたもの

表13　女性の日記にみる来客の内訳

	月平均来客日	月平均来客数	月平均食事を出した数
日知録			
寛政8．4 -12	18日	40人余	11人余
文政8．8 -12	25日	62人余	24人
小梅日記			
嘉永6．1 -12	18日	47人余	22人余
安政6．2 -12	18日	50人	32人
サク女日記		44人余	
安政7．2 -10	15日		17人
平　均	18日	47人余	21人余

サク女日記の安政7年2～10月には閏3月を含む.

であるが、のちに一般にも普及していったものである。

しかもこれらはいずれも梨地《なしじ》蒔絵・黒塗提重金筋入り・皆朱《かいしゅ》食籠・輪島沈金《ちんきん》盃・皆朱沈金角平《かくひら》・錦手大皿・唐草染付皿・根笹唐草茶碗・錫盃洗《すずはいせん》・真鍮《しんちゅう》銚子《ちょうし》などとあって、高級漆器、高級陶磁器、高級金属器ばかりである。上層階級では冠婚葬祭、祝い事、法事などの人寄せ、交際、贈答といったことがいかに頻繁におこなわれ、重要視されていたかということがわかる。

これは家具や照明・暖房具にしても同様である。六枚屏風《びょうぶ》・四尺六折屏風・二折屏風などの屏風類や脇息、あるいは燭台・行灯・火鉢などはいずれも宴会用・来客用である。茶道具や盆石・碁盤・見台などの趣味品もいわば社交用である。また刀剣や駕籠もある。こうした階層は地域の支配的立場にあって、体面を重んじるため、社交が生活の中で大きな位置を占めていたということなのであろう。

女性の日記

だが付き合いが重視されていたのは最上層ばかりではない。一般でも同じであった。このことを示すのが女性の日記である。表13は『小梅日記』「日知録」「サク女日記」という江戸後期から幕末にかけての日記から来客数をピックアップしたものである。来客のあった日が月平均で一五日から二五日、平均で一八日で、来客数が四〇人から六二人で、平均四七人である。このうちで食事を出した客が一一人から三二人、平均二一人余である。さぞかし主婦はたいへんだったろう。『小梅日記』の著者は和歌山の藩校の督学の妻で自身も画家であった一八〇四（文化元）年生まれの川合小梅、「日知録」はやはり和歌山城下の裕福な商家の妻で一七七一（明和八）年生まれの沼野みね、「サク女日記」は大坂羽曳野《はびきの》の在郷商人の娘で一八四二（天保一三）年生まれの西谷サクである。それぞれかなり裕福ではあるが、しかし上層というわけではない。今でいえば中流どころであろうが、やはりこの階層でも付き合いが生活の大きな部分を占めていたことがわかる。

来客は、小梅の場合は夫の同僚や親戚が多く、みねとサク女の方は近所の人と商売関係、親戚が多い。そこで付き合いの実態を詳細にみるために『小梅日記』から安政六年二月中の交際関係の記述を拾ってみた。これが表14である。釈奠《せきてん》・出産祝・講義始・孫初節句・結婚・名付祝・城謁と内容はさまざまである。付き合いの相手も自分の家、同僚、親戚、知人とこれもさまざまで、それぞれに進物、饗応、貰い物のやりとりがおこなわれている。この中でもっとも多いのが孫の初節句祝である。五日にわたっており、さらにそのあと二九日にも親戚二八人を、三月三日には藩校関係者二六人を招いてもてなしている。

　これをもう少し詳しく見るためにそれぞれのやりとりを整理したものがつぎである。「入用」はかかった費用のこと、「貰物」は客がもってきた土産で、括弧内は名前である。

二九日

「入用」食品＝すし五升・赤飯四升・白飯五升・酒一斗一升・酢二升・小豆一升・餅米一升・青物類・鱶・くずし類・饅頭一三二

新調道具類＝折敷二〇（二五匁）・菓子盆二〇（一九匁五分）・同小二〇（六匁）・小皿二〇（五匁）・大瓶と燗徳利（一匁）・こんろ（一匁）・風沈の房（二匁五分）・右左大臣と行灯一対・赤幕の房紐（七匁）・段敷はばひろ二丈（二一目）・菱切餅一九軒分〆一二五匁七分

表14　『小梅日記』安政6年2月中の交際関係

月日	名　目	進物（相手）	響応（相手）	貰い物（相手）
2・15	釈　尊	すし三重・取肴 酒一升（藩校の小使）		すし（書生）
2・16	釈　尊	酒肴・すし・取肴（同輩）	すし・酒（夫と後輩2）	よもぎ餅(知人)
2・18	出産祝 講義始	肴籠（魚3）（知人） 魚4（藩校の教師）	とり貝・鮑（持参） 酒宴（同輩4人）	酒券
2・19	孫初節句		酒宴(知人夫婦)	雛一対・小魚（知人夫婦） 猪口
2・20	昇進祝	色綿1反・金百疋肴料（同輩）	菓子（同輩）	
2・21	結婚決定報告		酒宴（知人）	
2・22	祝言祝		酒宴（知人7）	
2・24	初節句配	赤飯（親戚15）		
2・25	節句祝 名付祝			板〆3尺(親戚) 酒宴（知人） 味噌（？）
2・27	節句祝		酒宴（親戚3） 肴（親戚）← 饅頭（？）←	大鯛1・ちぬ1・鮑4 木偶 肴（夫が土産にもらってくる） 饅頭（？） 桜造花（親戚）
2・28	城　謁 節句祝			酒・するめ 肴・菓子・人形（親戚3）

「貰物」人形＝石橋《しやつきよう》（市川）・同（松下）・大黒（野呂）・えびす（辻野）・花車（三浦）・
　松魚売（梅本）・小人形（市川）・雛一対（黒田）
　魚券＝五匁（喜多村）・二朱（石井）・五匁（富永）
　魚鳥＝めばる五（松島）・鯛三（今村）・いとより五（沼野）・ほうぼう三　ぼら
　一　めばる二（岡本）・鯛二　さざえ（宗吉）・ほうぼう三　めんどり二（田
　中）・くれ三（榎本）・中鯛三（利八）・赤魚二（松下）・鱸《すずき》一　さざえ八（有
　馬）・平目一　めばる四（章七）
三月三日
「入用」食品＝酒一斗五升・米一斗一升（内五升すし　四升五合赤飯）・魚（平目一　鱝
　一〈五匁〉　えそ数十〈二匁〉　こまき七本　このしろ四　かさとり三二　いわ
　し数十　おおぼら一　牡蠣二升）・酢二升・青物凡そ一〇匁余り
　祝儀＝舞子と母へ一二匁・おいえ三匁・おきん三匁
「貰物」酒券＝二券（山本）・一券（木村）・二券（鈴木）・三券（津田）・二券（林）・二
　券（林）・二券（遠藤）・二券（中村）・二券（塚山）・二券（南川）・二券
　（岸）

酒＝三升樽（和田他）〆二斗七升

饅頭＝（略）〆四〇七つ

すでに現在のビール券にあたる魚券や酒券があったことがわかる。そのほかここにはでてこないが饅頭券、羊羹《ようかん》券もあった。それにしても招く方も招かれる方もたいへんなやりとりである。二九日の宴会は八つ（午後二時〜三時）過ぎから四つ（二〇時〜二一時）までかかっている。手伝いも五人である。三月三日も八つ過ぎから四つまでかかり、料理人一人、庭の掃除二人、座敷の取り繕い二人を頼み、宴席には舞子と母親を呼んで舞を舞わせ、酌をさせている。お互いに費やす時間と労力と費用は膨大なものであるが、当時はこれが義務でもあり、また甲斐性でもあったのであろう。

貝原益軒の『家道訓』（一七一二年）にも「親戚をば時々まねぎて饗応すべし。しからざれば情意うとくなる。（中略）客をまねきて饗せば、只真実に客の心にかなふをむねとすべし。……」とある。家制度と共同体が社会の根幹をなしていた江戸時代には、親戚や世間への義理が何をおいても大事だったことがわかる。

なおこれは明治に入ってからの資料だが、埼玉県の一教師がつけた家計簿からも同じようなことが読みとれる。明治二五年から昭和一二年までの家計簿のうち、明治二六（一八

表15　家計項目別金額と比率

費　目	金額(1893〜1909年)	比率(%)
	円　銭厘	
食　費	7,025.28	24
交際費	4,500.225	15.6
警察・神社	117.55	0.4
衣類費	3,687.50	13
教養費	3,121.49	11
養蚕・農業	2,274.12	7.9
税　金	2,250.32	7.8
生活・住宅費	1,378.66	4.8
燃料費	726.99	2.5
衛生費	1,075.44	3.7
貯金・経営	2,704.805	9.3
合　計	28,862.38	100

表16　交際費内訳別金額と比率

内　訳	金　　額	比率(%)
	円　銭厘	
地域交際	2,205.54	49
学校関係	1,665.985	37
親戚仏事	628.70	14
小　計	4,500.225	100

九三）年から四二（一九〇九）年までの一七年間分を分析したもの（岩井サチコ「明治期農村社会生活の考察（埼玉）——一教師の『家計詳細録』〈一八九三—一九〇九〉より」）から、支出金額と、それが全支出に占める割合をだしたものが表15である。

学校の教師としての収入のほか、養蚕を副業としていて、かなり裕福な暮らしだったようであるが、食費についで交際費が二位で、全支出の一五・六％を占めている。一位の食費が約二四％であることからすると、その割合はかなり大きい。

このうちさらに交際費を内訳別にしたものが表16である。「地域交際」は字《あざ》など地域の付き合い、「親戚仏事」は親戚・知人との付き合いと仏事、「学校関係」は主人の職場関係での付き合いと分けられている。そしてそれぞれの内容はつぎの通りである。

地域での付き合いは、大日待・石尊講・多賀神社日待・鍵渡し日待・二百十日日待・丑寅日待・釜番渡し・雨乞・女あすび・悪疫よけ・赤痢防ぎ・御九日・農休み・槇木山組日待・消防手日待・神社祭礼・道普請・夜番・堀普請・水引き番の代賃・赤痢字内仮病院造営費などである。

親戚や知人等に対しては、正月年礼・彼岸参り・盆参り・節句・歳暮は欠かさずおこなうほか、産見舞・はしか見舞・帯解き（七五三）・病気見舞・悔やみ・色代・餞別等がある。また物を買って進じている場合も多く、手拭い・砂糖・西瓜・蓮根《れんこん》・茶・金平糖・石鹼・布切れ・折り・卵・水飴・柿・なし・蜜柑・煙草・饅頭・油揚げ・煎餅・鰯・鱒・鮨・胡瓜《きゅうり》・なまり節《ぶし》・鶏肉・半紙・豆腐・鰹節・そうめん・葛粉《くずこ》・なす・縄二〇房・真

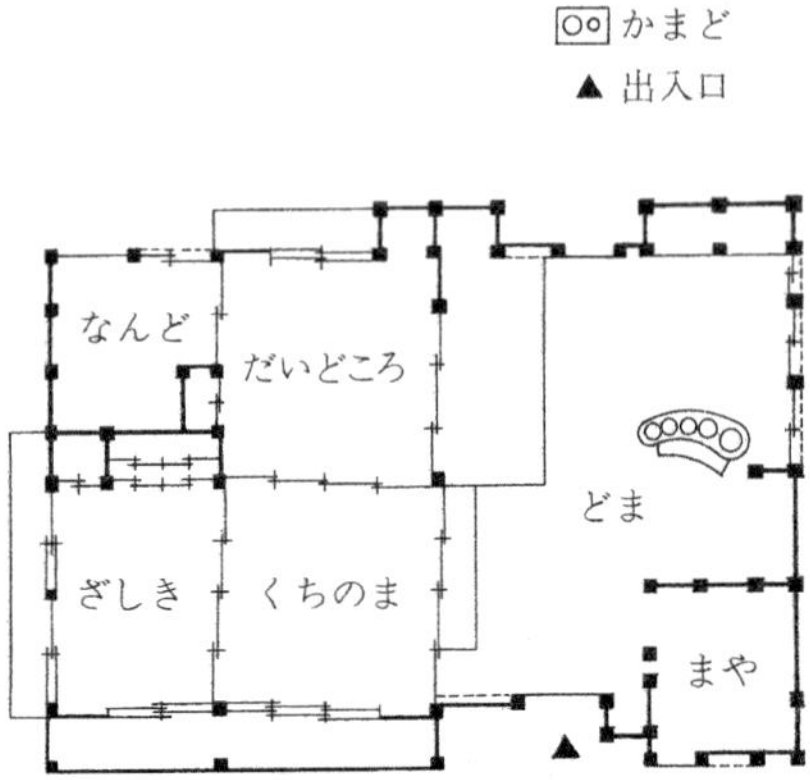

図38　「田の字形」の間取り

綿・羽子板・はま弓・雛人形・筆記帳・雑記帳と多種多様である。縄二〇房などというのは家の普請にさいして贈ったものかもしれない。このほかに仏事があるがこれはきわめて僅かである。

学校関係では、この時期は日清・日露の両戦争のおこなわれた時期にあたるため、戦争関係の出費が多い。富国強兵を目的とした同盟会への入会・幻灯会開催・陸軍恤兵部《じゅっぺいぶ》への献金・出征兵士への餞別・兵士慰労金・赤十字上納金・軍事公債・義勇艦新設寄付・戦死者への香奠《こうでん》などの費目が上がっている。このほか学校の増築、風琴・理科器械購入などの寄付、視学官への茶代、行事の時の茶代などにも校長として出費している。

こまかな費目がわかり、付き合いの実態がわかる。金額と割合を見ると、「地域交際」がもっとも多く、二二〇五円五四銭で交際費全体の四九％を占めている。ついで多いのが「学校関係」で、一六六五円九八銭余で三七％、最後が「親戚仏事」で六二八円七〇銭で一四%である。地域と職場での交際が大きな比重を占めていたことがわかる。親族関係の付き合いの中で仏事の割合が小さいのは、特別な事情があったのかもしれないが、この地域が仏事を重視する地域でなかったせいでもあろう。

このような付き合いの重視は家の作り方にも大きな影響をあたえた。

住宅平面の変化

江戸時代に建てられた庶民住居を民家とよび、これには農家、町家、漁家などあるが、民家には飛驒白川村の合掌造とか南部の曲屋《まがりや》などのように地方的特色がある点が大きな特徴である。これは屋根の形や外観の特色であるが、間取りにも地方による違いがあり、住居の使われ方ともっとも密接な関係があるのは間取りである。そこでこの問題を民家の中でも大多数を占めていた農家についてみてみよう。

間取りを専門用語では平面とよぶが、農家の平面としてよく知られているのは「田の字型平面」であろう。「整形四間《よま》取り」ともいうが、これは図38にみられるように土間以外の床部分が田の字のように四つの部屋が並んでいる形式である。四つの部屋の使い方は地方によって多少異なるが、土間から見てもっとも奥になる部屋がこの家の中心で、ここは床の間付きの座敷になっているということは共通している。このほか「広間型三間《みま》取り」といって、土間に面したところが一つの広い部屋になっていて、その隣が二部屋に分かれ

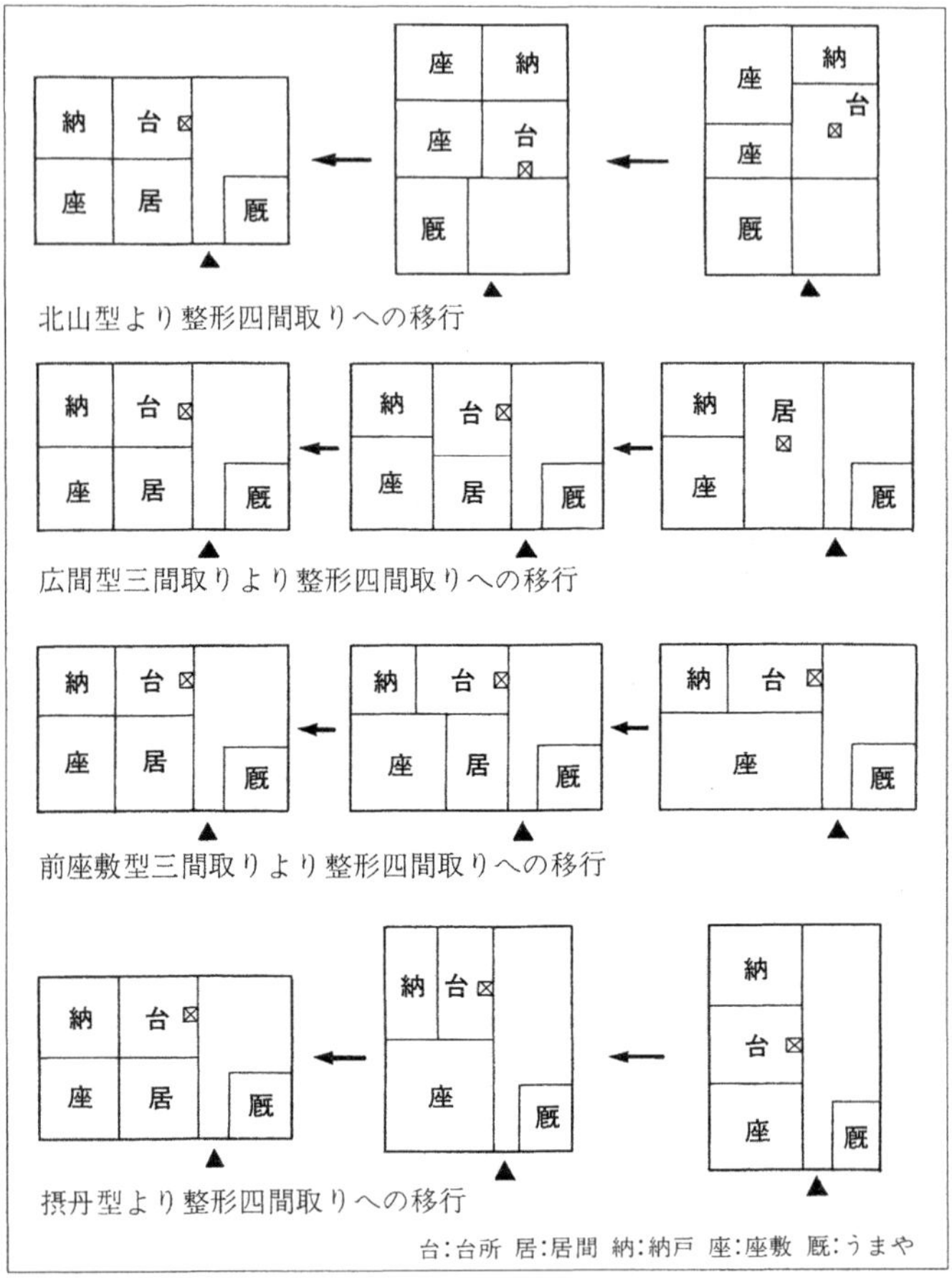

図39　「田の字形」への志向

ているタイプとか、「前座敷三間取り」といって、一つの広い部屋が土間に面するのではなく、正面の庭に面していて、前に広縁がついているタイプとか、その他「余呉型」とか「摂丹型」「北山型」などと名づけられている種々の平面があるが、近畿地方中心部を除くほぼ全国に広く分布していたのは「広間型三間取り」である。こうした特徴のある平面類型はいずれも近世前期に成立したもので、なぜこうした類型が生まれたのかは、それぞれの地域の歴史的条件によるものであるが、ともあれ近世前期には日本全国にさまざまなタイプの平面をもつ民家が存在していた。

ところが近世後期から幕末にかけて、図39に概念図で示したように、日本中の民家が「田の字型平面」へと収斂《しゅうれん》されてしまうのである。これは基本的には民家の平準化といえる。近世前期の場合、地方的特徴をもつような民家――ということはしっかりした建物ということでもある――は村の中でも一部の上層に限られており、それ以外は掘立小屋程度の家に住んでいた。それが近世中期にかけて、全国的に本百姓層というものが成立して、それぞれがしっかりした家を持てるようになった。同時に本百姓層においても地域間相互の交流が盛んになり、互いに影響をあたえていったということである。

しかしその場合、どうして「田の字型四間取り」が選択されたかというと、この平面は床の間がついた座敷を中心に、襖《ふすま》をはずせば続き座敷が作れるということが大きな特徴であり、これは人寄せ、会合ができる平面だということである。床の間があることは正式の場所ということになり、冠婚葬祭や村の中で交替におこなう公的な寄り合いも開ける。つまり本百姓という独立農民が成立したことが、こうした平面を必要としたのであるが、逆に言えば村落共同体の中にあっては、人寄せする部屋がなくては一人前の農民として生きていけなかったのである。

仏檀の普及

江戸時代の家財目録をみていて気がつくことのひとつに、仏檀の普及がある。たとえば前節で使った家財目録から中下層民の仏檀所持状況をみると(表17)、中下層の農民一八戸のうち四戸、都市民七戸のうち二戸が仏檀を持っている。

家財目録にみる仏檀

仏檀を所持している中下層農民の四戸の中で羽州伊三郎は入牢したため名主が家財を預かったものであり、信州の儀右衛門、武左衛門、与助の三人は借金の返済不能で駆け落ちしたりしたため家財が競売に付されたものである。後者の場合は値踏みされたことから値段もわかり、儀右衛門の仏檀は四〇〇文、武左衛門のは六〇〇文となっている。儀右衛門家はこの村では最上層に属していて没落した家で、この仏檀を買った藤四郎は中層農民である。一方、武左衛門と与助は中層農民である。時期的には一八世紀後半であるが、これにより、この時期には中層の農民でも仏檀を持っていた、あるいは持とうとしていたことがわかる。

中下層都市民も同様である。二戸の全家財は表18のとおりである。どちらも入牢による預かり物で、一人は新吉原清助店《だな》ひさ方同居万吉こと浪太夫、もう一人は御留守居松平内匠頭与力東山作兵衛地借町医長英、かの高野長英である。浪太夫は義太夫語りのような人だったと思われるが、彼の所持品は表で見てわかるように最低の家財といってよいのに、仏檀は持っている。高野長英の方は蛮社《ばんしゃ》の獄《ごく》で天保一〇（一八三九）年に投獄されたため、家と土蔵が一括して差し押さえられて預かりとなったものである。長英も仏檀を持っている。この時期、つまり一八世紀後半から一九世紀にかけては、中下層で仏檀を持っているものはまだ少ないが、しかし求められ始めていることがうかがえる。

仏檀といえば一昔前まではどの家にも必ずあって、朝晩、水や飯をそなえ、線香をあげ、仏前には花を絶やさないようにし、命日にはとくに念入りにお祀《まつ》りをしたものである。その仏檀が、これでみると一八世紀後半から一九世紀にかけて普及し始めたということにな

表17　中下層農民と都市民の仏壇所持状況

	仏壇	花立	仏膳・仏器	水引
中下層農民18戸	4	2	2	1
都市民７戸	2	0	4	0

表18　高野長英と浪太夫の家財道具

	高　野　長　英	浪　太　夫
家具・建具・文房	畳23　襖７　障子４　半障子２　手洗桶１　竹柄杓１	棚１　古畳７.５　藩縁障子２　しゅろ箒１　柳箱１　浄瑠璃本４
照明・暖房・燃料	火打箱１　炭取１　十能１　火鉢１　火箸１　提灯３　行灯１	火打箱１　行灯１　油さし１
厨　房　具	竈１　火消壺１　俎板１　包丁１　すり鉢　小桶１　鉄網１	竈１　鍋１　すり鉢１　すりこ木１　俎板１　包丁１　水桶１　手桶１　小桶１　壺１
供　膳　具	土瓶１　水瓶１　膳椀２	土瓶１　飯つぎ１　杓子１　見杓子１　膳１　飯茶碗１　汁椀１
衣服・寝具	枕１	古傘１　木綿三布蒲団１　着物２　羽織１　股引１
そ　の　他	仏棚１　たばこ盆１　薬挟箱１（棒共）	仏壇１　仏器１　花立１　神棚宮１　御酒徳利２　たばこ盆１　刀２

るが、この点は後述するように民家調査の結果からいっても、また仏檀産地の発展からみても裏付けられる。そこでなぜこの時期に仏檀が普及したのか、一般民家にとって仏檀とは何なのかということについて少し考えてみたい。

ところで一口に仏壇といってもいろいろな種類がある。現在われわれが仏檀屋で買ってくるようなものは箱仏檀あるいは御厨子というが、これを床の間のような専用の場所をつくってはめ込むこともあるので、この場合は全体を含めて仏檀装置とよぶことにする。また古い大きな民家などには前に襖をたて、中に位牌を乗せる段を設けた、いわば位牌壇形式といったものもある。そのほか押板という浅い床の間のようなものに仏画や位牌、花を並べ飾る押板形式、押入の上の段を仏檀、下を戸棚にする戸棚形式のものなどがある。ちなみに仏壇と仏檀の区別は寺院のものが仏壇で、各家のものが仏檀である。

仏檀の普及

一般民家に仏檀が普及した時期を重要文化財に指定されている民家で調べてみると、まず近畿地方で一七世紀初頭から普及し始め、ついで一七世紀中期に近畿以東にひろがり、さらに一七世紀後期に近畿以西にまで普及し、一八世紀末から一九世紀にかけて全国的に普及したことがわかる。

重要文化財に指定されている民家の中でもっとも古いのは一五世紀の神戸の箱木家、つぎが一六世紀の兵庫県の古井家であるが、当初はどちらにも仏壇はなかった。仏壇がでてくるのは一七世紀で、大阪の吉村家住宅（一六二〇年）と高橋家住宅（一七世紀中期）に位牌壇形式の仏壇（図40）があり、奈良の中村家住宅（一六三二年）と今西家住宅（一六五〇年）には仏檀装置の仏壇がある。しかしいずれも大庄屋とか町年寄、代官といった最上層である。近畿以東に仏壇がでてくるのは一七世紀中期からで、神奈川の北村家住宅（一六八七年）、千葉の作田家住宅（一七世紀末）に戸棚形の仏壇があり、秋田の土田家住宅（一七世紀末）には押板形の仏壇がある。これらも村の中での上層階級である。一方、近畿以西では一七世紀後期からで、徳島の石井家住宅（一六九七年）や愛媛の真鍋家（一七世紀後期）に仏壇が設けられている。

だが全国的になるのは一八世紀末から一九世紀にかけてである。たとえば信州佐久地方の家財について調査した尾崎行也氏の調査（「安永寛政期信州佐久郡小平村農家の家具農具類」『信濃』四四―五、一九九二年）でも、普及が一般化していたものと、普及が半分以下、あるいは一部のものとをわけてみると、表19にみるように、持仏堂、仏檀は半分以下、あるいは一部の普及となっている。つまり一八世紀末ではまだぽつぽつという状態であったことがわかる。

表19　安政〜寛政期(18世期末)佐久郡小平村農家の家具・農具類

分類＼普及度			普及が一般化していたもの	普及は半分以下，あるいは一部
生活	衣	衣類	〔普段着(野良着)〕	〔晴着・羽織〕
		雨具		〔蓑・笠〕
		履物	〔草履・草鞋〕	
		化粧	鉄漿壺	〔櫛・笄〕〔鏡〕
		織縫	〔針・糸〕	織機・糸車・綿筒箱〔物指・鋏〕
		洗濯	盥・手水鉢・伸子	敷盥・竹棹
	食	貯蔵	味噌桶〔漬物桶〕	醤油樽・油樽・瓶・米櫃・壺
		調理	庖丁・俎板・擂鉢・擂粉木焙烙・鍋・茶釜・捏鉢(粉鉢)・石臼・立臼・杵・粉節・柄杓・杓子	卸し・釜・大釜・小鍋・延板・麺棒・箱篩・蕎麦切庖丁・椀籠・肴鉢・七ツ鉢
		飲食	椀(飯椀・汁椀)・〔箸〕・膳・重箱	茶碗・膳箱(箱膳)・飯次・盆・湯桶・面桶・けくら(曲物)・猪口・壺(坪)・平・片口・行器・蕎麦重
		嗜好	胴乱・〔煙管〕	煙草盆・煙草切 徳利・盃・盃台
	住	建物	家・屋敷	雪隠〈別棟〉・座敷
		建具		板戸・障子・襖・鴨居・樋
		光熱	囲炉裏・炉縁・〔自在鉤〕・火箸・火道具(火打石・火打箱)	竈 行燈・燈蓋
		敷物	ねこ・〔筵〕	蓙・薄緑
		容器	箱・櫃	文庫・銭箱・茶簞笥・行李
		その他	いづめ	梯子・花立・香炉
生産	農業		鎌・鍬・稲扱・箕・穀扇・筵・磨臼・〔蕎打・蕎打石〕，肥桶・〔天秤棒・播出〕，〔砥石〕	鋤・馬耙(万能鍬) 押切
	手工業			紙漉道具 鋸・鉋・金槌・鑿・鉞・鉈
	狩猟			鉄砲
交易	運搬		桶(担桶・手桶)・背負子 軽籠(畚)〔笊・籠・ぼて〕	
	計量		桝	秤 算盤・財布
文化	文具			硯箱(筆・墨・硯)

宗教	仏教 神道		持仏堂(仏檀)・仏膳 神棚・神ノ鉢
生産物	穀類 野菜 副産物	〔米・麦・粟〕・稗・刈豆・〔大豆〕 〔菜・大根〕 藁・糠	
その他	肥料 資料	下肥・肥・灰 板・細木・〔萱〕	

(　)は別称，またはその内に含まれるもの.

〔　〕は払物帳にはみられないが存在したと思われるもの.

雑誌『信濃』第44巻第5号通巻第509号平成4年5月1日発行所載別刷「安永～寛政期佐久郡農家の家具・農具類―『分散帳』考(1)―」尾崎行也.

図40　位牌壇形式の仏檀（大阪，吉林家住宅）

仏檀産地の発達をみても、一九七四年に「通産大臣伝統的工芸品指定」を受けた二二ヵ所のうち、企業数一〇〇以上、年商一〇億円以上の大産地、山形・飯山・長岡・新潟白根・高岡・金沢・名古屋・三河・彦根・長浜・京都・大阪・川辺はいずれも始まったのは一七世紀末から一八世紀にかけてだが、産地として発展してくるのは一九世紀で、地場産業として大産地になるのは明治から昭和初期にかけてである。

ではなぜ一般の家で仏檀をもうけるようになったのだろうか。この点について従来から言われているのは、寺請《てらうけ》制度による強制ということである。

仏檀と寺請制度

いうまでもなく寺請制度はキリシタン信仰と日蓮宗不受不施派《ふじゆふせは》の阻止を目的に徳川幕府が制定したもので、すべての庶民に檀那寺《だんなでら》と檀徒《だんと》の関係を結ばせ、その人間がキリシタンでも不受不施派でもないことを檀那寺に証明させたものである。各宗各寺院に対して戸主以下、家族、奉公人の名前、年齢、所属寺院などを記載した宗門人別帳を作成させ、檀家に対し檀那寺が寺請証文（宗旨手形）を発行した。これは身分証明書でもあり、住民票でもあった。そのほか檀家が婚姻する時には嫁ぎ先の檀那寺に寺換え証文を出すとか、檀家が他国へ越したり、他国へ旅行するさいには寺送り証文を発行した。また奉公人の場合は奉公先の檀那寺が仮の檀那寺になって、旅行にさいしての関所、村々役人に宛てた寺送り証文を発行するなど、寺が現在の区役所の戸籍係のような役割を果たしていた。これに対して寺には檀家の葬儀の独占権を与えると同時に、檀家から上納金を出させたり、寺の普請や修理の費用を負担させる権限を与え、出さない檀家に対しては寺請証文の発行を拒否する権限も認めていた。こうした背景の中で仏檀も単なる家庭内の私物ではなく、檀家であることを証明するための標識となっていたのである。このため寺請制度が仏檀普及の上での圧力となっていたことはたしかである。

しかし寺請制度が整備されるのは一七世紀後期である。ところが檀那寺と檀家関係というものが形成されるのは戦国末から近世初頭で、このころにはすでに武家や上層農民の間では成立していたという。同じころには仏檀も設けられ始めているから、仏檀の成立自体は必ずしも寺請制度が原因だとはいえないことになる。

仏檀の成立

そこであらためて仏檀の系譜をたどってみると、仏檀には大きくいって二つの系譜があることがわかる。一つは持仏堂ないしは道場の系統である。

中世末期から近世初期にかけて武士や有力農民が屋敷内に持仏堂を構えるようになった。信心や修養をしたり、祖先の追善をおこなうためである。これが拡大していったものが檀那寺であり、縮小していったものが家の中の仏檀である。持仏堂を建てたのは浄土真宗の門徒が多かったが、必ずしもそうではなかった。一方、門徒によって設けられたのが道場である。浄土真宗の教義では、祀るのは祖先ではなくて阿弥陀である。阿弥陀を祀って、その前で法事をしたり、法話を聞いたりするのであるが、いつも本山に行くわけにはいかないため各地域で出張所を設置した。それが道場である。また布教の拠点でもあった。道場には総道場といって寺院側で作るものと、内道場といって信徒側で作るものがあり、内道場は庄屋・名主クラスの家に設けられることが多かった。図41はその一例である。土間の向こうに台所があり、その奥に納戸《なんど》とデイがあり、このデイに仏壇がある。これがやがて一般門徒の家にも取り入れられるようになって仏檀となったのである。つまり持仏堂も道場も、寺が家の中に入ってきた形である。仏壇が仏檀になったわけである。

これに対し、いま一つは位牌壇の系譜である。位牌壇で残っているものとして最古のものは足利義政が建てた室町時代の東求堂である。これには祭壇が二つあり、一つは仏間に設けられた須弥壇《しゅみだん》で、阿弥陀三像が安置されていた。その左側に設けたのが仏檀で、ここには将軍家の先祖の位牌が並べられていたという。こうした位牌壇がさまざまな形を経ながら近世に入り一七世紀前期あたりになり一般農民の間にも広がっていったのである。最初にあげた大阪の吉村家住宅や高橋家住宅の仏壇はこの系譜である。

こうして一般の家でも先祖の位牌を祀るようになると、やがて道場の系譜の仏壇でも位牌を祀るようになって、ついにすべての仏壇に位牌が祀られるようになったのである。

ではなぜ一般の家で、この時期、先祖の位牌を祀るようになったのであろうか。

大きな理由として、この時期になって一般農民や民衆が先祖というものを強く意識するようになったことが考えられる。これは一般農民や民衆が「財産」というものをもつようになったためである。すなわち家屋敷や田畑・山林、あるいは家業といった財産を残して

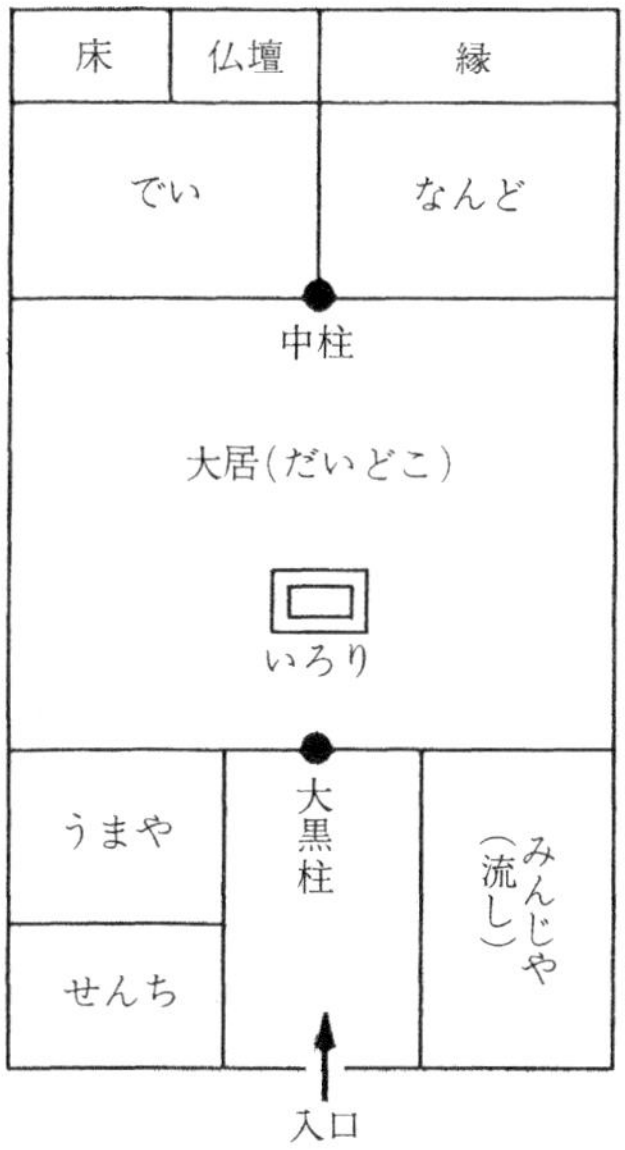

図41　内道場平面図
(石川県山中町真砂,宮本家，桜井敏雄)

くれた人が先祖であるから、継ぐべき財産がなかった時には先祖は意識されなかったのである。家父長夫婦の統括のもとで、名子や被官として労働力だけを提供していたのでは、そもそも一家という観念自体が育たないだろう。いきおい先祖への感謝とか、一家の安泰や子孫の繁栄を祈るということも考え及ばなかったろう。祖先を敬うということは儒教の教えであるが、ここではじめて儒教が受容される素地もつくられたのである。持仏堂や位牌壇が武家から始まったのも、武家の場合、とりわけ上級武士には権力や土地の継承ということがあったからである。

それが一六世紀末から一七世紀のこの時代になると、限られた上層だけではあったが、農民の間にも継ぐべき財産を持つ層があらわれてきて、家の永続性というものが意識されるようになった。これが仏壇の成立をうながしたもっとも大きな原因だったと考えられる。つまりこうした民衆の宗教心や祖先崇拝の気持ちを幕府が支配に利用したのが寺請制度だったのである。その後、時代を追って小農民の自立が進み、財産を子孫に伝えることができる民衆の層も厚く、広くなっていった。そうした中ではじめて寺請制度も機能し得たのであり、その結果、仏壇の定着が促進され、一九世紀以降の仏壇の普及に大きな役割を果たしたのであろう。

江戸時代の仏壇

「先祖をたふとび、時節の祭礼おこたるべからず」「先祖は子孫の根本なり。年数へたたり遠しといへども、思ひしたひてわするべからず。時節の祭つつしみあつくし、本につちかひ養へば、枝葉しげる。先祖に厚くすれば、子孫さかふる理あり」「農商の家、父のゆづりをうけて、田地と財宝とを得て、よくたもちて、うしなはずして、子孫にゆづるも孝也」（『家道訓』）と貝原益軒が繰り返し書いているように、人々は家の永続性を意識するようになった。祖先を祀ることは道徳となって、儒教が「家」のバックボーンとなり、仏壇はこれらすべてのシンボルとなったのである。

ただし仏壇には宗派や地域による違いが大きかった。仏壇を重視する宗派や地域と、比較的にそうでない宗派・地域とがある。仏壇を重視するのは浄土真宗である。このため地域的には近畿、中国、四国、九州、新潟、富山、福井、山梨、岐阜、愛知などの浄土真宗のさかんな地域が仏壇重視地方である。この地方では仏壇はオモテとよぶ客座敷に置かれる。一方、それほどではないのが東北、関東、長野、山梨、静岡である。この地方は曹洞宗ないしは日蓮宗の浸透地域だが、ここでは仏壇もウラといって家族の生活する場に置いている。たとえば国または県・市指定の重要文化財民家で、仏壇の位置がわかるものについてオモテとウラに分けてみると、オモテが多いのが近畿・中国・四国・九州で、ウラが多いのが東北・関東である。中部はオモテとウラがあり、新潟・富山・福井・山梨・岐阜・愛知はオモテで、石川・長野・静岡はウラである。地域別に見るとオモテの多い地域は浄土真宗地帯であることがわかる。

この点をさらにはっきりさせるため、たまたま浄土真宗と曹洞宗が同じ地域で共存している山梨県都留市と、全部が日蓮宗の千葉県山武郡大網白里町四天木について、千葉大学工学部建築史研究室（玉井哲雄教授）がおこなった調査によってみよう。

都留市の場合、調査した戸数は四六戸である。もっとも古い民家は宝暦七（一七五七）年で、そのあと一八世紀半ば、後半、末、一九世紀初め、前半、中期、後期、二〇世紀初めと続いている。全域にわたって調査していること、年代的にも古いものから新しいものまで比較的に網羅しているので、数は少ないがデータとしてはかなり有効であろう。建物の規模は平均四三坪強であるが五〇坪以上も四分の一近くある一方、三〇坪未満もあるといった大小の格差が大きい地域である。このうちオモテ（図42）に置かれているのが三〇戸で、これは全部が浄土真宗、ウラ（図43）が一一戸で全部が曹洞宗である（曹洞宗がこのほかに三軒、不明が二軒あるが、現在ではわからない状態になっている）。仏檀の規模も浄土真宗の方が断然大きく、間口一間とか二間もあり、平均すると八・五尺になる。ところ

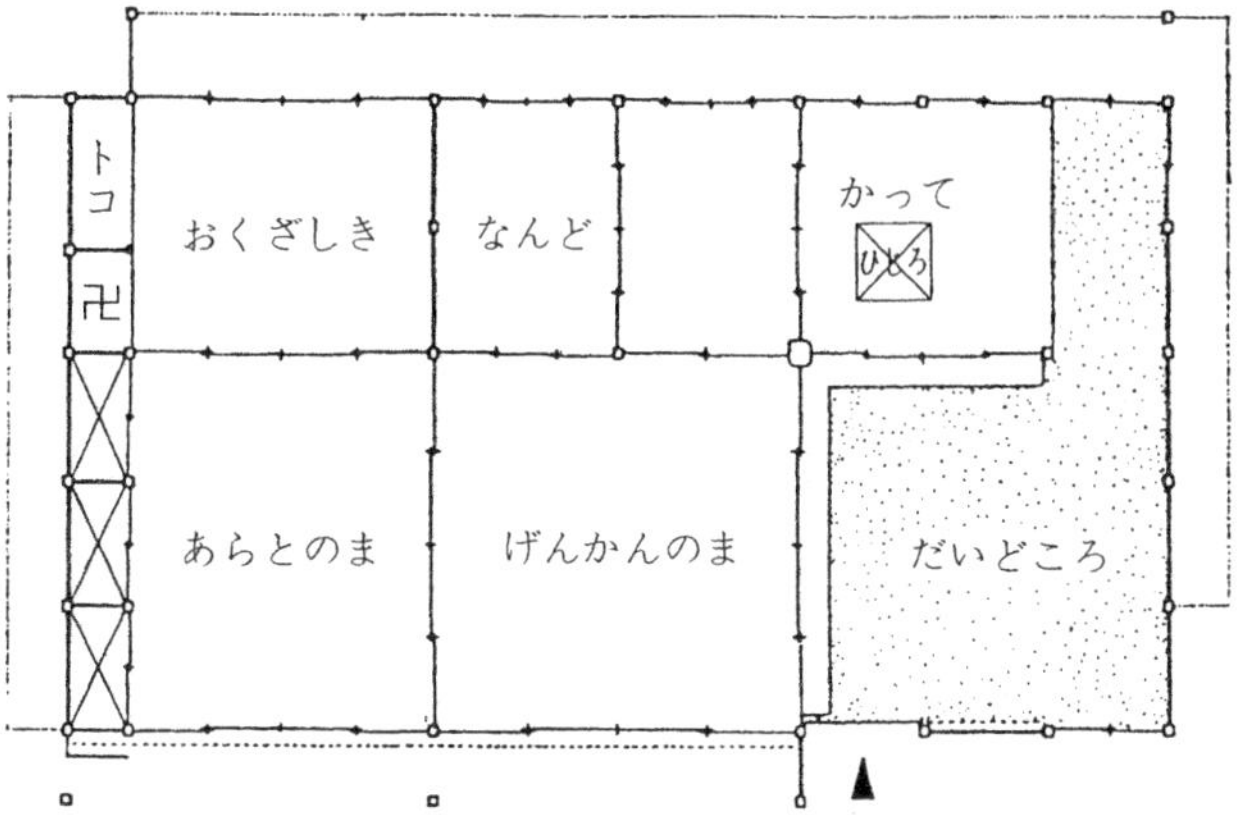

図42　仏檀がオモテのおくざしきにもうけられている都留市の民家の復元平面図（小林安典家，田の字形，45坪，1870年建築）

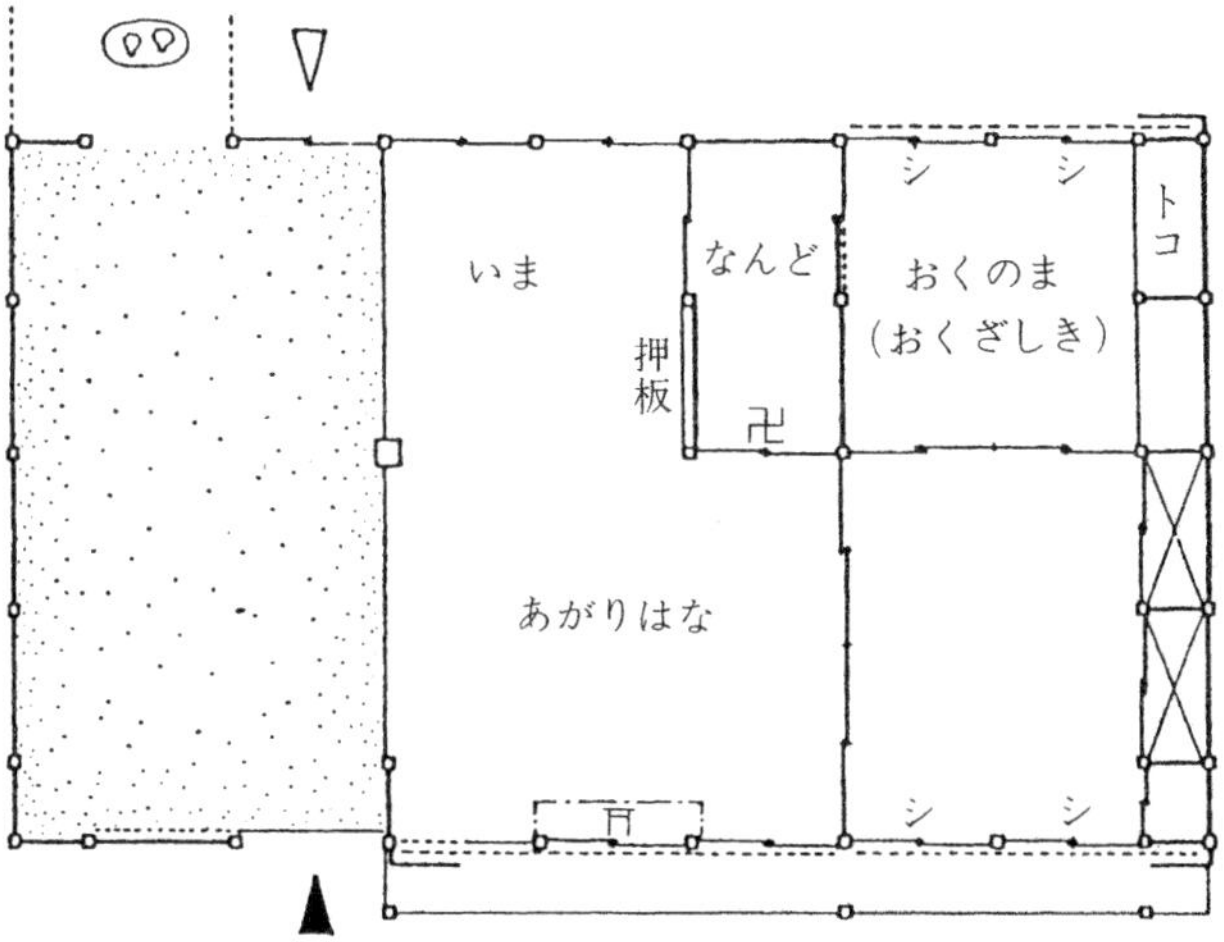

図43　仏檀がウラのあがりはなにもうけられている都留市の民家の復元平面図（小野田光義家，広間形，40坪，18世紀後半建築）

が曹洞宗の場合はほとんどが三尺で、平均は三・五尺である。これは家の広さとは無関係で、浄土真宗では家の広さは三三・七坪と最小のクラスでも仏壇は間口二間ある。一方、曹洞宗の場合はこの地域でもっとも大きな五七・八坪の家でも仏壇は間口三尺である。つくりも真宗の場合はほとんどが仏壇装置がある通し仏壇で、宮殿《くうでん》厨子もついた立派な仏壇だが（図44）、曹洞宗は戸棚式で、扉も宮殿もない簡素なものである（図45）。

日蓮宗も仏壇は簡素である。大網白里町四天木の場合、一八軒の調査をおこなったがすべて日蓮宗であった。家の建築年代は享保二（一七一七）年から一九三〇年代までで、かなり長い年代にわたって分布している。建物の規模は平均三二・七坪で、都留市より小さい。五〇坪以上は一軒、二〇坪以下も一軒しかない、比較的に格差が小さい地域である。仏壇はどこの家でも家族が暮らす居間にあって、氏神を祀る押板と並んでいる（図46）。部屋名はザシキだが実際はウラである。仏壇もほとんどが半間で、上が仏壇で下が物入れ戸棚になっているという簡単なものである（図47）。

このように浄土真宗がとりわけ仏壇を立派なものにするのは、真宗の場合、基本的には道場の系譜に属するためである。つまり仏壇は単に先祖を祀るためだけではなく、寺院の須弥壇のミニチュアであって、真宗特有の、宗教を中心とする地域共同体の拠点となるも

図44　仏檀装置のある浄土真宗の仏檀，おくざしきにもうけられている（小俣次郎家，田の字形，約47坪，1885年建築）

図45　戸棚式の曹洞宗の仏檀，あがりはなにもうけられている（渡辺恭二家，田の字形，44坪，1890年建築）

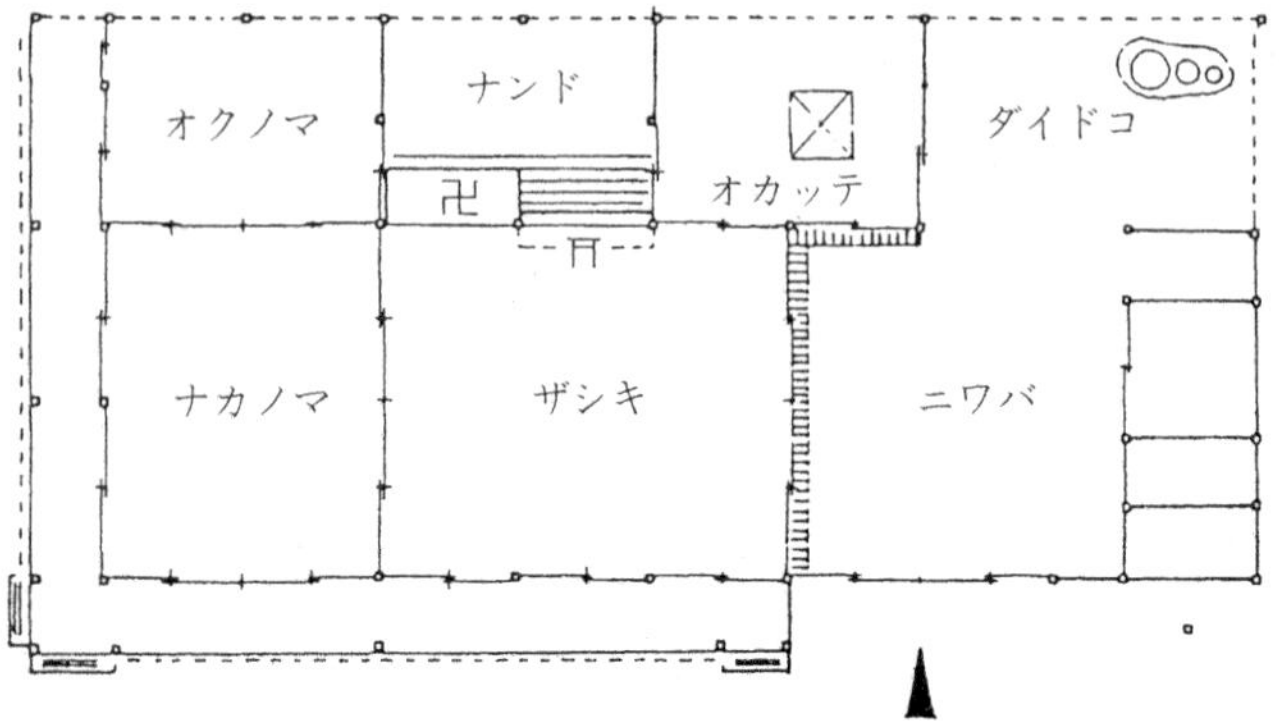

図46　仏檀が家族の居間であるザシキにもうけられている千葉県山武郡大網白里町四天木の民家復元平面図（内山和家，田の字形，32坪，1764年建築）

図47　日蓮宗の仏檀，一間を押板と半々にしている（内山祐隆家，田の字形，26坪，1717年建築）

のだからである。真宗では寺御講・春秋の彼岸会《え》・盆・御取越・報恩講等々と宗教行事が非常に多い。しかも門徒の家でおこなわれるものが多い。たとえば報恩講がそうである。報恩講の場合、地域の檀家集団が、毎月当番の家に集まって勤行し、これが当番の家にとって最大のハレの行事となっている。このため仏檀を立派にするのはもちろんのこと、家の修繕や改築などもおこなうし、斎《とき》も盛大におこなう。祝言より盛大だといわれるほどで、報恩講には財産の半分をかけるといわれる。これは報恩講が、宗教共同体にとってもっとも重要な結束の場であるため、構成員としては欠くことのできない義務であると同時に誇りでもあるためで、したがって自分の家で報恩講を開催できるということがなによりの生き甲斐なのである。

さらにその上それぞれの家でも報恩講や年忌《ねんき》をおこなう。年忌も祥月命日《しょうつき》、年回から始まって一年、三年と一五〇年まで非常に数多く、そのつど、家族・親族一同が仏檀の前に集まって、家長を中心に仏事をとりおこなうのである。まさに「先祖をたふとび、時節の祭礼おこたるべからず」である。

こうしてみると江戸時代における仏檀の役割は、家族、親族の紐帯を強め、封建的家父長制度を補強する役割を果たすシンボルでもあり、また地域共同体の結束のための拠点でもあり、さらには幕藩体制的支配をくまなく貫徹するための装置でもあったといえよう。

道具が語る暮らしの形

道具にみる暮らしのゆとり

江戸時代はものがふえた一方、格差も広がった時代ではあるが、それでもやはり大きくみればゆとりが出てきた時代である。ゆとりを享受できる階層もかなり広がった。これを道具からみていこう。まず道具の使われる場所によって、大きく外と内とに分けられる。外は物見遊山・祭礼、内は室内装飾・家具什器類になる。

花見・観劇・祭礼の道具

物見遊山や祭礼で使われた道具として発達したものには、毛氈《もうせん》・絨毯《じゆうたん》・幔幕《まんまく》・小袖《こそで》幕《まく》・衣桁《いこう》・床几《しようぎ》・茶弁当・行器《ほかい》・重箱・屏風などがある。

毛氈でもっとも好まれたのは緋毛氈《ひもうせん》である。緋毛氈は中世以来、一貫して日本人にたい

図48　緋毛氈を掛けた茶店の床几　「笠森おせん」

へん好まれたもので、現在でも日本的室内装飾として欠かせないものとなっている。だが近代になるまでは国産はできず、すべて輸入品だった。中世には主として芸能の舞台で使われていたが、戦国期から安土桃山時代にかけて上級武士を中心に物見遊山や室内での敷物として大流行となった。これが江戸時代に入り一般町人層にまでひろがっていったのである。茶店の床几でも必需品となった（図48）。

　絨毯も輸入品だったが、毛氈に比べて格段に高級品だった。それでも揚屋や高級遊郭、高級料理屋をはじめとして富裕層では盛んに使われた。また祇園祭の山《だ》車《し》の見送りが有名だが、京都や博多などではベルギー製などの豪華な絨毯を祭礼の山車に飾って競い合った。そのほか江戸時代の風俗画には、祭り見物の沿道の町家の手すりや歌舞伎見物などで桟敷《さじき》の手すりに美しい毛氈や絨毯をかけているところが描かれている。ヨーロッパのようなこうした使い方もおこなわれていたようである。

幔幕は現在では、芝居や芸能で使われるものは別として、ほとんどが赤白か黒白だけだが、江戸時代には中国産の金襴緞子《きんらんどんす》をだんだらにしたもの、華やかな文様を染め出したもの、物語の場面を手描きで描いて染め付けたものなど、さまざまな色柄の多様な幔幕が使われ、花見や祭礼になくてはならないものであった。町が費用を出して、染め物職人に芝居絵や花鳥などを描かせて、町対抗で競《くら》べ合うこともあった。

小袖幕は衣裳幕ともいうが花見用である。枝から枝に綱を張って、美しい衣裳を掛け、幔幕代わりにしたもので（図49）、江戸時代初期に流行した。染織の発達で美しい衣裳が生まれ、人々の喜びをかきたてたというこの時代の空気をよく反映するものといえる。小さな折りたたみ式の衣桁や屏風を持っていって、これに羽織や帯を掛けるということもおこなわれた。

茶弁当は、携帯用の燗《かん》道具付き弁当セットである。小さなコンロと銅壺《どうこ》がついていて、

図49　上野の花見の衣裳幕（右上部）『上野浅草図屏風』

図50　幕を張り絨毯を敷きのべ，美しく着飾って，豪華な重箱に入れた弁当をたべ，遊興にうつつをぬかす遊山の情景
『四条河原図屏風』

ほかに料理を入れる重箱や取り分けるための銘々皿などが組み合わされている。行器は大型の円筒形の脚つきの容器で、多量の饅頭や餅、握り飯などを入れて持ち運ぶ。行楽だけでなく婚礼や上棟式など祝儀の際にも用いられ、後にはその方が主になった。重箱はいうまでもないが何段か重ねた箱で、料理や鮨などを入れる。こうしたものはいずれも漆《うるし》製品で、蒔絵《まきえ》や螺鈿《らでん》などが施され、美術工芸品のように美しく作られたものもあった。

華やかな幔幕や小袖幕を掛けまわした中に緋毛氈を敷き、美しく着飾って、豪華な蒔絵の重箱や行器につめた料理を食べ、酒を酌み交わしながら、心ゆくまで花見や芝居見物を楽しんだものである。こうした情景を多くの画家が描いているのも、当時の新しい風景だったからであろう（図50）。もちろんそのようなことができたのは上層町人などであった。しかし落語の「長屋の花見」で荒莚《あらむしろ》を緋毛氈に見立てて担いでいくように、しがない裏長屋の住人までが、花見といえば緋毛氈、というように毛氈というものが認識されるようになっていたのも暮らしのゆとりであろう。

屛風は古くから発達しているが、この時代とくに盛んになった使われ方に屛風比べがある。屛風比べそのものは中世から上層階級の間でおこなわれていたが、江戸時代の屛風比べは祭礼の日に自慢の屛風を店先に立て並べて一般に公開するというものである。この風習はいまでも地方によっては残っているが、屏風の前には毛氈を敷き、花も活けてある。これを町内の人々が見物して歩くというもので、美術館などなかった時代にあって美術品が公開される数少ない場となっていた。

室内装飾と家具什器

一方、室内装飾や家具什器《じゅうき》には、床の間に飾る装飾品や棚・屏風・火鉢などの家具がある。また家の周りでも暖簾《のれん》や見隠し、縁台などが使われた。江戸時代にはそれまではごく一部にしかなかった床の間・違棚・書院のついた「座敷」が、かなり広い層にまで普及し、床に掛ける絵画や書跡の軸、違棚や書院に飾る美術工芸品も商品として一般化した。額縁や短冊掛けなどもさまざまなものがつくられ、花瓶・花籠・鉢・鳥籠・虫籠などの室内装飾品や暮らしをいろどり、楽しみをもたらす多種多様な道具が発達した。

家具では棚（図51）・簞笥・戸棚・屏風・衝立《ついたて》、灯火具で行灯《あんどん》（図52）・燭台、暖房具で火鉢・炬燵《こたつ》・囲炉裏の鉤《かぎ》（図53）・炉縁《ろぶち》、文房具や教養趣味に関するものでは文机《ふづくえ》・見台《けんだい》・文台・硯箱（図54）・本箱・書棚・煙草盆・茶道具（図55）・盆（図56）、身辺で用いるものでは脇息・枕などに多様で優れたデザインが発達した。これらを意匠の種類で分けると、漆工芸品、数寄屋風、民芸風の大きく三つに分けられる。漆工芸品は漆塗りで蒔絵や

図51　棚

子持棚といって江戸時代に多かった形，遠州透かしもよく使われた．扉を開くと裏にも模様がある．数奇屋風デザイン．

図52　螺鈿がほどこされた伝統的デザインの短檠

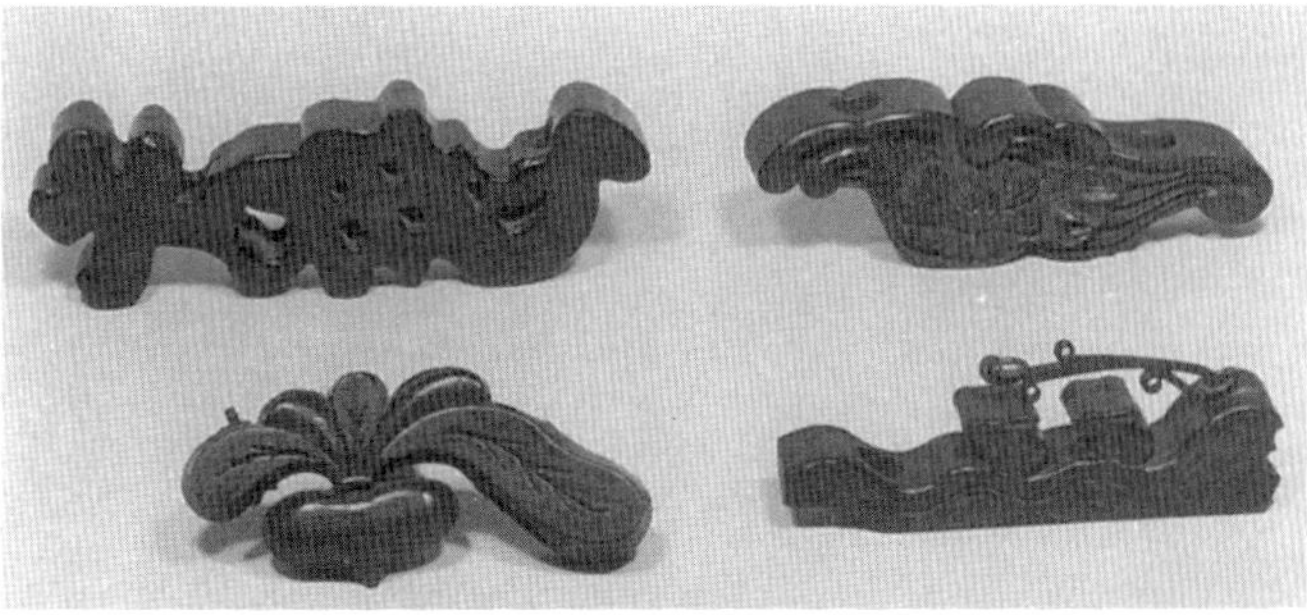

図53　人々の注目が集まる囲炉裏の鉤には面白いデザインのものが多い

図54　連俳の席で使われた硯箱
木目を意匠としていかしたデザイン.

図55　野外で茶を点てるための携帯用茶道具
しゃれた袋に入れて持ち運んだ．

図56　大らかな図柄の民芸風デザインの盆

螺鈿をほどこした装飾的なものであるが、これも伝統的・古典的なデザインの他に、大胆・斬新で民衆的な新しいデザインが生まれた。棚や小箪笥、手箱、硯箱などに多い。数寄屋風は、江戸時代に入り急速な広がりを見せた茶の湯の影響によるデザインである。木製品の場合では、桐や桑、栃、黒柿などのきめが細かく木目が美しい素材を使い、木肌を見せる素地仕上げかあるいは拭漆仕上げとした、簡素で洗練されたものである。精緻に発達した指物技術にたすけられて瀟洒《しょうしゃ》で都会的な製品が作られた。棚、文机、文台などに多い。民芸風は、民家のデザインに共通する重厚、素朴なデザインである。欅《けやき》材に拭漆仕上げで、鉄金具をつけた箪笥や、長火鉢など、一般庶民の使う家具に多い。

一方、家の中だけでなく家の外や通り庭に掛ける暖簾も、吉祥文様、幾何学紋様などヴァラエティあふれる面白い、あるいはしゃれた意匠のものがつくられた。また夕涼みに使う縁台などもひろく普及し、夏の夕べ人々は縁台将棋や花見見物を楽しんだ。

からくり・遊びのある道具

不思議な道具の出現

寛政八（一七九六）年に出た『摂津名所図会』の中に「唐物屋《とうぶつや》」がある（図57）。大坂伏見町にあった輸入雑貨の店、四田蝙蝠堂《ひきだこうもりどう》の店頭を描いたものである。「異国新渡奇品珍物類」という看板が掛かり、椅子や陶製の墪《とん》、大きな花瓶、グラス類、絨毯《じゅうたん》、聯《れん》、魚板《ぎょばん》（魚形の木製仏具）などの輸入品が並んでいる。

その奥で奇妙なことをしている人がいる。四隅に棒を立てた変な箱を前にして一人の男がおり、この箱と鎖でつながれた碁盤のようなものの上に一人の男が座っている。そばに一人立っていて、座っている男の頭の上に針金を近づけて火花を飛ばしている。エレキテル、摩擦起電気である。蘭学を通じて入ってきたもので、ヨーロッパで一八世紀前半に発

図57　唐物屋▲

図58　和時計

明され、電気ショックで人を驚かせる見せ物や遊び道具として盛んになった。これが日本にも入ってきたのである。平賀源内《ひらがげんない》が安永五（一七七六）年にはじめて蓄電気つきのエレキテルを作って以来、森島中良、高森観好、橋本宗吉などいろいろな人が作って盛り場などで見せ物として見せていた。この絵でも奥にある箱の蓋には「エレキテル　細工人大江」と作者の名が書いてある。まわりにいる人々は火花の飛ぶのを見て驚いている。

店頭に並べられているということは、エレキテルを買った人がいたということである。このように不思議な道具、びっくりする道具、面白い道具への関心が高まったのも江戸時代の特徴で、人々の間に道具の遊びを楽しむゆとりがでてきたということであろう。

からくり仕掛け

からくり仕掛けも盛んになった。そのひとつはゼンマイ・歯車を内蔵エネルギー源としたもので、時計・人形などがある。キリスト教の宣教師がもたらした機械時計のゼンマイ仕掛けを応用したものである。天文二〇（一五五一）年、フランシスコ・ザビエルが山口の大内義隆に贈ったのが機械時計の最初だといわれるが、その後、続々とやってきた宣教師たちによってたくさんの機械時計が日本に入ってきた。さっそく日本人にもこれを真似る者がでて、一六世紀末には津田助左衛門をはじめとして日本人の時計職人も数多く誕生していた。ただし日本では季節によって時間の長さが異なる不定時法が使われていたので、これに合うように仕組みを変えなければならなかった。文字盤も数字から十二支に変えた。これが和時計である（図58）。掛時計・櫓時計・枕時計・尺時計などがあり、中には常陸の名主だった飯塚伊賀七という人が作ったという直径一メートル《メートル》を超すような木製の大時計もある。これは歯車も木製であった。「時至れば太鼓、鐘を打ち、その音全町に響き、また朝夕、同時刻に門の開閉をなしたり」という記録があるという。

時計に使われていたこのシステムを応用したものが、からくり人形である。人形が捧げ持つ茶托《ちゃたく》の上に茶を入れた茶碗を置くと、人形が客の方へ向きを変えて歩いて行く茶運び人形とか、道を歩いて酒を買いに行く酒買い人形などが有名である。からくり人形の始祖は大坂の竹田近江という人で、もとは時計技術者だったという。寛文（一六六一〜七二）のころ、大坂道頓堀でからくり芝居を興行したというが、このからくり人形の技術を継承したのが、いまでも各地の祭りで人気の山車《だし》のからくりである。

寛政八（一七九六）年には『機巧図彙《からくりずい》』（細川半蔵頼直）という解説書まで刊行されている。〝図説機械学〟ともいうべきものだそうだが、和時計とからくり人形について、機械の構造とその製作法が図解してある。こうしたものに刺激されてからくり師となったのがさきの伊賀七とか大野弁吉、からくり儀右衛門こと田中久重などである。なかでも久重などは近代的技術者のさきがけともいうべき人物で、彼が明治になって設立した日本最初の機械工場、田中製造所は後に東京芝浦電気となった。

自動給油装置のあかり

ゼンマイ仕掛けそのままを使ったものではないが、こうしたメカニズムに刺激されて考案されたものの一つに照明具がある。江戸時代のあかりは行灯《あんどん》が中心であったが、油が切れると注ぎ足さなければならない。これがなかなか面倒であることからなんとか自動的に給油できないかと考えて、さまざまな自動給油装置が工夫された。

たとえば鼠《ねずみ》灯台というものがある。支柱の頂上に鼠の形をしたものが乗っており、灯心が燃えてきて、下の灯明皿の油が少なくなってくると、鼠の口からしぜんに油がしたたり落ちてきて皿を満たす、皿が満たされるとぴたりととまる、また皿の油が減ってくると鼠の口から油がぽたぽたと垂れてくるといった仕掛けである。このからくりは図59のとおりで、鼠の胎内が油槽でここに油が満たされている。一方、油皿の底に穴が開いていて、これが管溝となって柱の中にまで通じている。柱の中は空洞になっていて一本の管があり、管の上部は鼠の胎内の油槽にまで達している。この管は空気の採り入れ口で、その下端は

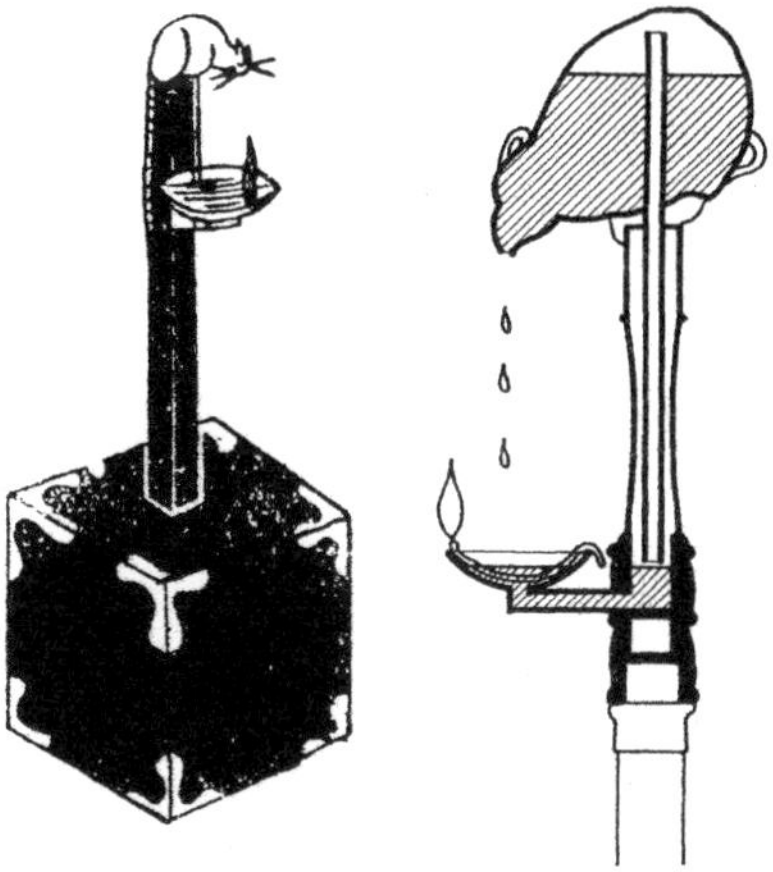

▲図59
鼠灯台とその内部

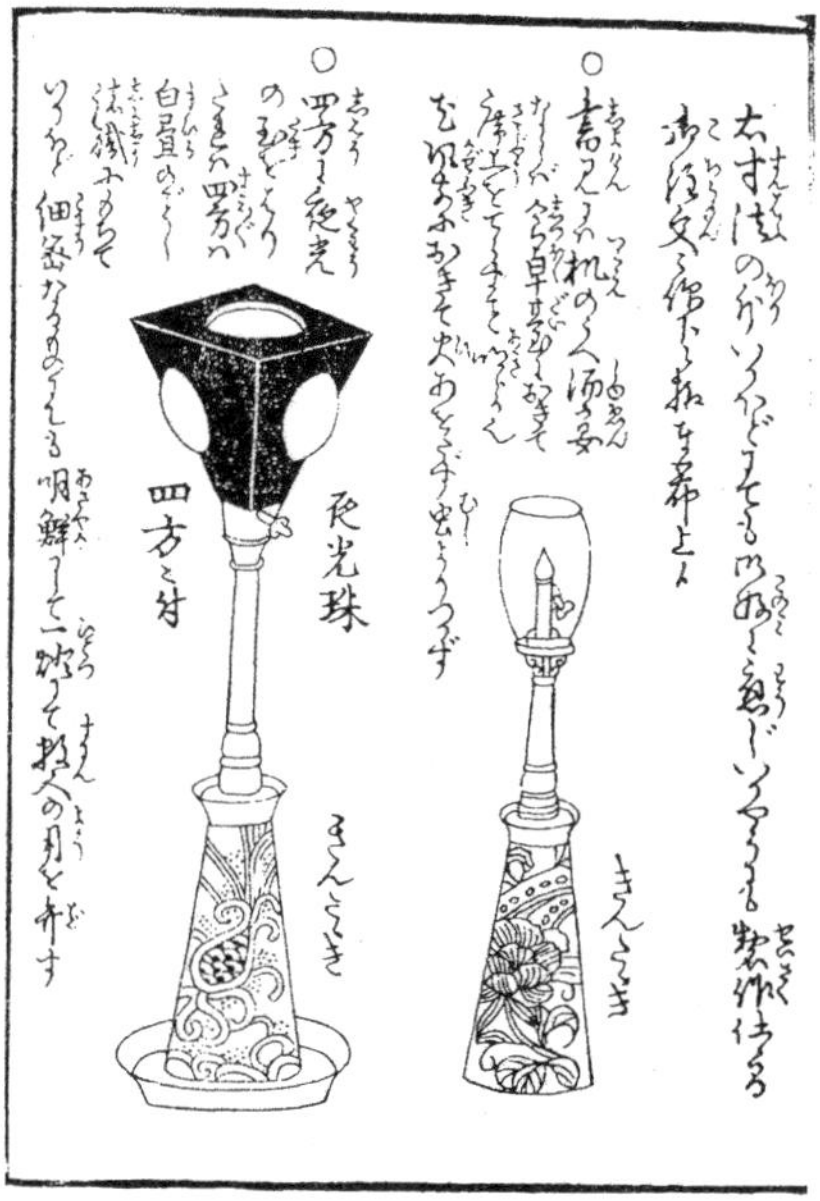

図60　無尽灯

皿の方から通じる油溜まりに接している。皿の中に油が入っているときはこの空気採り入れ口の下端は油でふさがっているが、灯をともしているうちに油が減ってきて、油面が管の下端を離れると、その瞬間に空気が管中を上昇して鼠の胎内に入る。するとその分だけ油が鼠の口から垂れる。空気は支柱のうしろの、柱内の管下端部にあたるところに小さい穴が開けてあって、ここから入る。

一説によると、からくり儀右衛門が考案したとか、中国から伝来したものであるなどともいわれているが、いずれもはっきりしない。しかし工芸的な鼠のつくりといい、鼠の口から油が垂れる仕掛けといい、遊び心に充ちている点はいかにも江戸時代らしい。

やはり灯油が自然に補給される仕掛けであるが、鼠灯台より進んだものに無尽灯がある。これにも二種類あり、一つは江戸のギヤマン師大隅源助が案出した無尽灯である。これは芯《しん》が常に油の中に浸かっているように油槽の底板を調節できるようにしてあるもので、底板が一種のピストンになっていて、容量調節機構を持っているという比較的に単純な機構である。

いま一つはからくり儀右衛門が創出した大きな無尽灯で、この方が複雑である（図60）。これは圧搾空気と油の流体力学を組み合わせたからくりで、強制的に給油をするという画期的なあかりである。無尽灯は灯芯を直立させる点が一つの特徴であるが、儀右衛門の無尽灯は細い灯芯でなく幅広の木綿の芯を使ったためにに当時としてはたいへんに明るかったという。

しかし無尽灯は価格が高く、扱いも不便だったため、石油ランプが入ってくるとたちまち駆逐されてしまったようである。

指物のからくり

からくりは指物でも使われた。指物の場合は人形や灯具のようなメカニズムを利用したのではない。技術自体は通常の指物技術であるが、きわめて精巧な技術を組み合わせて用いることによって人を驚かせるような製品にするというもので、代表的なものに船簞笥のからくりがある。船簞笥とは当時、物資流通の中心を占めていた廻船の船頭たちが使っていた一種の手提げ金庫である。廻船業は大きな利潤をあげられたため金に糸目を付けなかったことと、狭い船内で使う金庫であることから他人が簡単に開けることができないためにと工夫されたのがからくりであるが、しかし後にはむしろからくり自体の面白さが船簞笥のセールスポイントになっていった。

船簞笥のからくりには、抽斗《ひきだし》のように見えて実は慳貪蓋《けんどんぶた》であってはずせるようになっている「はずし扉」、観音開きの扉のように見えて、実は片方の扉を開くと真ん中の柱がはずれて、もう片方の扉を中央にずらしてはずす「はずし柱とずり戸」、内蔵してある抽斗が箱になっていて、前板を横にずらして取り除いてから上の蓋を前にずらして開ける「爪掛戸」、同じく箱になっている抽斗の中にさらに箱が隠れている「二重箱」、抽斗の底が二重底にしてある「二重底」、抽斗の奥に小さな箱が隠してある「隠し箱」などが代表的なものである。しかしこのほかにも釘や楔を使ったり、しかもそれらを一種だけでなく、数種を組み合わせてつくるため、簡単には開かないようになっている（図61）。

ただし指物にもからくり人形のようなアクロバティックなものもあったようだ。出雲松江の松平不昧公《ふまいこう》に仕えた小林如泥《じょでい》という指物名人がいる。幕末の人で、作品は東京国立博物館にも残っているが、彼の名人ぶりを示すつぎのようなエピソードがある。

如泥は自分がもはや長くないのを知って不昧公に大箱を一箱献じた。これを松江から不昧公のいる江戸まで運ぶことになって、長尾右京という者が責任者として運んできたが、小田原の本陣までできたとき、右京は酔った勢いで禁を破って中を開けてしまった。

すると三本マストの黒船が一艘あらわれた。船上には三寸ほどの紅毛船員が望遠鏡を持って立っている。船尾のネジを捻ると、これがさっと船室に引っ込み、代わって大勢の異人の群が一度にあらわれ、それぞれの部署につくや、船長の号令一下、砲は一斉に火を発

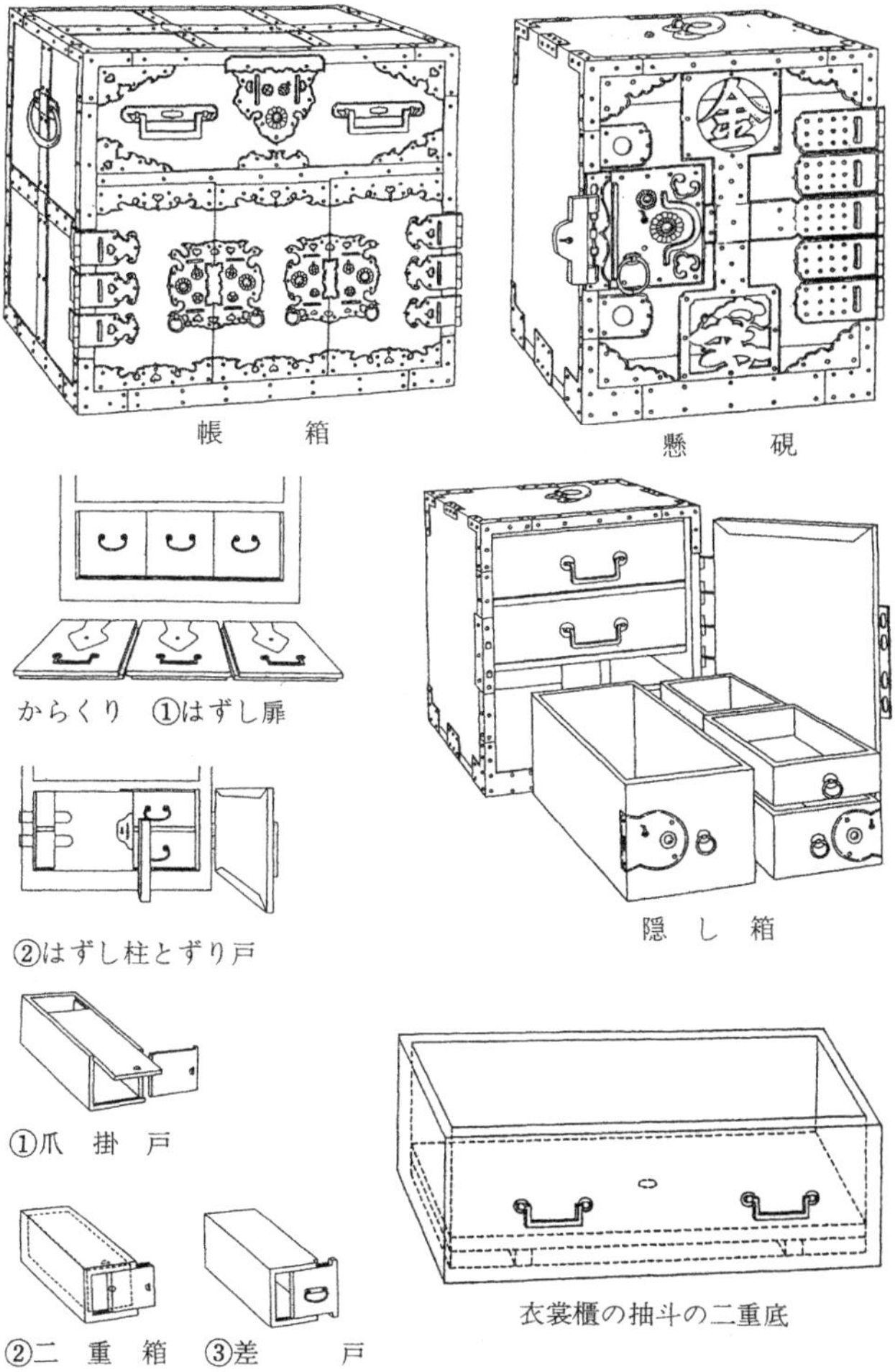

図61　船簞笥のからくり

した。と、そのとき出雲藩の印を付けた大釣瓶弾が一発、宙を飛んできて船長室に落下、船はくだけ、すべての形は裂け散ってしまった。このため右京は罪を一身に負って自決したという。つまりこれは、この数年前、黒船が北海を騒がせて以来、松江城下でも舟手《ふなて》の訓練を始めていたので、これをなぞらえた細工物《さいくもの》だったわけである。

いずれにしてもこうしたものは、精緻な指物技術が基本にあってこその話で、如泥にはこのほか酒枡とか三つ組盃の話など数多くのエピソードがある。如泥は酒を買いに行くとき徳利の代わりに五枚の板片を持って行き、懐中からこれを取り出し、箱に組んでこの中に酒を入れてもらって持ち帰ったが一滴も漏れなかったという。三つ組盃の方は、不昧公に三つ組の盃を作るように命ぜられた如泥が、できましたといって差し出したのはたった一個であった。そこで公があとの二個はどうしたと聞くと、如泥は莞爾《かんじ》としてこれを手に取り、縁の辺をスーッと捻《ひね》った。すると盃は子持ち仕立てになっていて、中から盃が一つ出てきた。また捻るとまた一つ出てきてちゃんと揃った三つ組盃ができあがって、公は手を拍ってほめたという。

江戸中期以降は一般に指物技術の精度が上がり、全国各地に指物名人が生まれたが、からくりとも紛《まご》うばかりの神業的な巧緻な技術という点で共通している。このように指物技術が精緻さへの傾斜を極度に強めていったのも、ひとつには技術の持つ特性でもあるが、やはり人々が、人間業とは思えないような巧緻さへの驚きを求めていたからであろう。

道具の手入れと修理

このように多くの道具類が発達して使われるようになると、道具の手入れとか修理という問題が起こってくる。そこで手入れの仕方や修理の方法を書いた本が求められるようになった。

『万宝鄙事記』にみる道具の扱い方

そうした要求に応じて出されたもののひとつに宝永二(一七〇五)年にでた貝原益軒の『万宝鄙事記《まんぽうひじき》』がある。これは八巻に分かれていて、衣服・営作《えいさく》・財器・硯墨筆紙《けんぼくひつし》・文字・刀脇指・収種・花・香・火・紙細工・染物・去虫鼠《むしねずみをさる》・雑・養気・食禁・天気占・月令・用薬・灸治の二〇門について、それぞれの扱い方が書かれている。「和漢の書を引証とし、又古語あるひは俗語をもまじへて、辺鄙の人々の見やすく心得やすからしめんためなり」とあるように、いろいろな書物からあつめたもので、一般にもわかりやすいように書かれている。いまならさしずめ家事百科といったところである。

内容はものの扱い方、手入れの仕方、修理の仕方、倹約法が中心である。このうち道具に関する内容を主とするのは［器財門］で、「一切の道具の用ひ様、土の物、銅鉄の器物、うるし、膠《にかわ》、こくそ（木屎＝漆に繊維のくずなどを練りまぜたもの。漆塗りの下地の割れ目・合わせ目を埋めるのに用いる）の使ひやう、石角、象牙の煮やう、鏡のたしなみやう、さめやすりの用ひやう、ことごとく註」してある。また灯火・照明器具に関するものは［火］で、ここには「油つぎ、灯心、蠟燭、雨ふり松明、水上のたいまつ、炬燵《こたつ》、火桶の火うづみやうのこころえ、紙銚《しちょう》にて豆を煎る仕やう」を微細に記してある。さらに紙製品に関する［紙細工］には「一切の紙細工、渋紙・合羽の仕様、屛風・障子張付け・腰張り・裏打ち、短冊の押し様、掛け物・表具、糊のこしらえ様、絵賛、墨跡の煤気とり様、火鉢・瓦器の張り様の次第までことごとく」記してある。

そのほか［硯墨筆紙門］や［文字門］などもそれぞれ硯石・墨筆の用いようや朱墨・朱肉印の製法、雌黄白墨《しおうしろずみ》や胡粉《ごふん》の調合法とか、誤字の直し方、絹や油紙に字を書く方法、書灯の使い方、書籍の虫干しなど日常生活の中でのものの扱い方が多い。その意味では［衣服門］なども、衣裳の黴《かび》の落とし方、洗い方、しみぬきなど衣服一切に係わることの他、皮類の使い方まで書いているし、［染物］も、染め物一切について述べており、［営作門］は、家の作り方、屋根板の腐敗防止、藁《わら》葺《ぶ》き・茅《かや》葺《ぶ》きの葺き方、土蔵・塗塀・漆喰《しっくい》の方法、池・泉水の作り方、茶園の植え方など普請にかんする一切の事柄について書いてある。また［去虫鼠］には蚤《のみ》・虱《しらみ》・蚊・蠅の類、そのほか一切の竹木につく虫、書物の紙魚《しみ》、衣服や箪笥につく虫、灯火に付く虫の除去法を記してあるなど、当時の暮らし全般にわたっており、当時の人がどのような暮らしをしていたかということもよくわかる。

そこでこの中から、道具の扱い方、手入れ法、修理法などについて書かれているものをすこし拾ってみよう。

扱い・手入れ・繕い

○新しい鍋《なべ》のかなけを抜くには、小豆《あずき》を入れて煮る。糠《ぬか》でもよい。青松葉を入れて煎《せん》じてもよい。水と渋を等分に入れ、酢を少し加え、半日ばかりおいて洗う。ぬかみその汁に酢、塩少々入れて煮てから洗うのもよい。

○松・檜《ひのき》・槇《まき》などの箱に脂《やに》が出たら、酒をそそげばとまる。

○甕《かめ》・壺・徳利の臭みは、水で二、三度洗い、銀杏《ぎんなん》を搗《つ》き砕《くだ》いて湯につけてふり出し洗いをするととれる。

○墨を納めるには、揉《も》んだ艾《よもぎ》に包んでおく。また梅雨のときは石灰の中にいれておくと湿らない。
○灯油は必ず新しいものを用いること。古くなったもの、新しくても風を引いて気が抜けたものは灯が暗いから箱に入れて気が抜けないようにする。
○明礬を水に加えて灯心を煮て使えば油の減りが少ない。
○灯油は、なるべく高価でも良いものを使う方がよい。灯心が少なくても光りが明るい。毎日油注ぎを掃除して焦げを取ること。そうでないと皿が焼けて油が減る上、光りが暗くなる。
○錫《すず》の香合《こうごう》や酒器にしみが付いたら、山牛蒡《やまごぼう》の葉を黒焼きにして摺《す》り落として洗う。
○器の燻《ふす》ぼりは、濁酒に漬けると落ちる。
○銅器・鍮石《ちゆうじやく》などの器物に緑青《ろくしよう》が出たときは、酢をひたし、一夜おいて翌日洗えば落ちる。
○象牙の色が黒赤になったら、芭蕉の樹の中に一夜おくと白くなる。
等々で、これらは主として扱い方、手入れの仕方である。じつにこまかく気をつけて道具を使っていたことがわかる。また灯火に関しては灯油の倹約法が多い。灯油がいかに高価であったかを物語っている。

つぎは修理の仕方、あるいは補強法である。

○古くなった箪笥《たんす》・筥《はこ》類は、板が枯れて縮まり抽斗《ひきだし》も縮むので、抽斗の奥を削る。

○鑵子《かんす》の破れを繕うには、麦漆《むぎうるし》に銑屑《せんぐず》を入れ、無ければ鉄錆《てつさび》を入れ、五倍子《ふし》を上に塗る。

○銅器の接目をそこねて隙間ができて水が漏るときは、まず松脂《まつやに》で銅の垢《あか》をとりさる。棒状になった鑞《すずなまり》（錫鉛）を買っておいて、適当に切り、銅器の破れたところに置き、銅器の裏から火で強くあぶれば、鑞が熔けるので適当にのばす。器物の接ぎ方は、膠《にかわ》に漆を混ぜて接げば水に入れてもはがれない。樟脳でも五倍子の粉末でも良い。

○茶臼・石臼など石の割れを接ぐには、田螺《たにし》の皮をむき、肉を細かにすりつぶして、これを糊にして接ぐ。

○桐油かっぱの破れを接ぐには、蕨糊《わらびのり》に茗荷《みようが》の根の汁を加えて接げばよくつく。

○火鉢などの瓦器に紙を張るには、大豆の煮汁の飴のようになったのを糊にして紙を揉んで張るとよい。普通の糊だとはがれやすい。

こうしてみると割れたものの接ぎ方が非常に多い。道具を修理して使っていたことがわかる。しかもこうした手入れや修理はすべて自分ですることが前提となっている。

自給自足の暮らし

このため、修理に使う材料や道具そのものの製法についても非常に多く書かれている。たとえば修理や補強に非常に多く使われた渋の製法・保存法については、渋柿のへたをとり、搗《つ》いて、一斗に水二升八合を加え、桶に入れておき、一両日過ぎたら搾《しぼ》る。これを壺に入れて口を塞ぎ、土中に八分ほど埋めておく。保存法は、生渋を壺に入れ口をよく塞いで土中に埋め、上にやきもの盆の類で覆う。竹樽に入れ、口をよく塞いで、池水に入れておくのもよい。またある人がいうには、家の中で常に人が通るような簀《す》の上に置き、ときどきゆり動かせばやけないというとある。

また焼ふのりもよく使われているが、この作り方はふのりを水に入れ、塵をのぞいて一カ所にかため、握り飯のように握りかためて、その上を紙で包んで熱い灰の下に入れて、上から火を焚き、良いころに取り出し、擂《す》り鉢でよくすって、生渋を混ぜてすり合わせる。葛籠《つづら》などに張るのに強いし、渋紙にもよいとある。

漆膠の製法は、五倍子で膠を練り、そのあと漆を少し入れて練り合わす。早く乾かすときは松脂を少し入れる。あまり暑いときは漆の性が抜けて使えなくなるとある。

桐油漆の製法は、混じりのない桐油一升に密陀僧《みつだそう》の細末二〇匁を入れて、朝から晩の八つ時まで練る。藁《わら》しべにつけて引き上げ、糸のようにたらたらとするくらいがちょうどよい。茶碗に入れて紙の蓋をして保存する云々と、これらは材料であるが、このほか皮のなめし方とか朱肉や墨の製法、骨角細工のこつ、またこれに用いる鮫やすりの製法、杖の作り方などまでさまざまである。参考のためにこれもちょっと紹介してみよう。

皮のなめし方――藁の灰汁《あく》を温め、熱くしてから、米糠を入れ、皮を表裏より能々《よくよく》揉みあらいして、水で数度そそぎ、その皮の広さにしたがって、竹を四角にまげ、皮のまわりを糸で右の竹に綴じつけてつり、たるまないように張って日に干し、だいたい乾いたら、皮の裏に酒を吹きそそぎ、竹の篦《へら》で、裏についている肉をおとす。

朱肉の製法――胡麻《ごま》油五匁、ひまし油一四粒をつき砕き、煎じて黄黒色にして、ひまし油を除き、揉み熟した艾《よもぎ》に油をかきまぜ、ほどよい乾湿になったら朱を少し入れ、絹で包む。油の代わりに蜜を用いても良い。

角《つの》の煮方――地骨皮《じこつひ》・牙硝《がしょう》・柳枝水に角を入れて煮ると柔らかくなるので、これで細工をする。細工ができたら甘草水で煮ると固くなる。

象牙の煮方――木賊《とくさ》水で煮る。水が乾けば熱湯を加えて煮る。柔らかくなったら細工をして、天草水で煮ると固くなる。

鹿角を切るには――しばらく水にひたしておけばやわらかくなる。磨くには鮫やすりを用いる。

鮫やすりの作り方——鮫皮を一、二夜水にひたし、裏を削り捨て、餅糊で竹の裏に貼り付ける。幅五、六分またはこれより狭いのも良い。

杖を作る——軽くていいものは、箒木・あかざ・いたどり・淡竹・ひぶか葵・麻である。

江戸時代を自給自足経済の時代というが、こうしたものをみると、自給自足経済の社会というのは、一人一人の人間がたいへんな自活能力を持っていた社会だったということがわかる。いまなら専門家でもやらないようなことを、一般の人がなんなくやっていたということである。ここに書かれていることをすべて、みんながやれたわけではなかったであろうが、それでもかなりの部分は実際の役に立ったからこそ、こうした本も求められたのであろう。

それにしても道具類の種類は膨大なものである。それだけのモノがすでに出回っていたということである。そうした道具に対し、日常的に細かな注意を払って暮らしを整えていたということで、道具がふえて暮らしが豊かになった反面、わずらわしいこともふえていったのが江戸時代だったのである。またこれは本書ではとりあげなかったが、当時は道具のリサイクルも盛んだった。古着・古道具屋・古材屋などが多く、むしろそのほうが流通の中心であった。

川柳にあらわれた道具——江戸庶民の暮らしの断面

川柳は江戸時代、庶民の間で盛んに作られた文芸であるが、庶民の本音とか実態が露骨なくらいに出ていて、当時の世相を知るには非常にいい材料である。そこで江戸時代の川柳の中から道具がテーマになっているものをとりあげて、そこから見えてくる江戸時代の庶民の暮らしの断面をうかがうことにしよう。

出典は『誹風柳多留』（最初の川柳集。呉《ご》陵軒《りようけん》可有《あるべし》ら編。明和二（一七六五）年〜天保九（一八三八）年刊。星運堂）と『誹風柳多留拾遺』（寛政八（一七九六）年出版の蔦屋重三郎編『古今前句集』を享和年間（一八〇一〜〇四）に星雲堂が改題して出版）、そのほか『俳諧如何』（年代不明）から一句だけとっている。

箪笥

物を出す禿《かぶろ》は箪笥へはいるやう（柳）
花塗の箪笥から出す桜炭《さくらずみ》（柳）
箪笥から駒下駄《こまげた》の出る判じ物（拾遺）
箪笥から縮緬雑魚《ちりめんざこ》やさらさ梅（拾遺）
物思ふそばに禿の春を待ち（柳）

いずれも吉原における箪笥を詠んだものである。ここに詠まれている箪笥はさきに少しふれた「上開き二つ重ね」の衣裳箪笥である。二つ重ねになっていて、上が観音開きで、扉一杯に金具を配したきわめて派手なデザインの箪笥である。こういった派手なデザインの箪笥は江戸時代には珍しく、江戸以外にはなかった。金具を多量に使うこと、抽斗《ひきだし》だけでなく開きがあったり重ねになっているため、材料も多くいるし、手間もかかる。これはよほど大量に売れなくては不可能である。その点、江戸は人口も多く、経済力も大きかったので可能だったのだが、そもそもこんな派手なデザインになったのは、最初に吉原で発達したためである。

箪笥というものは本来、寝室や納戸など人に見せないところに置くもので、部屋に飾るものではない。ところが吉原の場合、寝室が最も重要な接客場所である。ここで客を贅沢な気分にさせることが大事で、その装置の一つとして簞笥が使われたのである。とくに花魁《おいらん》の簞笥は馴染みの客が買ってくれるものであるから、花魁にしてみれば上等な簞笥を持っているということは、それだけ上客がついていることを示せることにもなる。吉原風景を描いた黄表紙の挿絵にはよく蒔絵《まきえ》を施した簞笥、針箱や鏡台、琴、吊り衣桁には豪華な衣裳が描かれているが、自分の部屋を持ち、こうした家具類を揃えることができたのは当時トップクラスの花魁で「部屋持ち」「座敷持ち」といった。だがそこまででなくても簞笥は備えていたし、なにしろ吉原には三〇〇〇人の遊女がいたといわれるから大量の需要があったため作ることができたのである。

ところが、見栄を張って簞笥だけはなんとか買ってもらえても、中を一杯にするだけの衣裳までは買ってもらえないし、自分ではなかなか調達できない。

そこで「物を出す禿簞笥へはいるよう」ということになる。遊女の簞笥は飾りばかりで中に何も入ってないから、中のものを取り出す禿（遊女見習い）は半身が抽斗に入ってしまう、という意味である。「惣菜はあらめと禿口ばしり」という句もあるが、これも同様で遊女というものは客の前ではおおように構えて上品ぶっているが、内実は粗末であらめぐらいを食べていた、これをうっかり禿が口をすべらしてしまったということである。

「花塗りの簞笥から出す桜炭」「簞笥から駒下駄の出る判じ物」「簞笥から縮緬雑魚やさらさ梅」などもいずれも同じである。簞笥の中はからっぽなので、桜炭や駒下駄、おかずを入れているということである。まさに黄表紙の『古道具穴掃除』には、おかずの蓋物が入っている抽斗が描かれている（図62）。

なおここにある花塗りというのは漆塗の一種で、塗り立てともいい、研《と》ぎ出さずに塗りっぱなしにする技法である。簞笥にはよく使われた。ただし図62の簞笥は違う。木地のままである。

「物思ふそばに禿の春を待ち」、これは物日《ものび》（紋日《もんび》）を前に花魁が費用の出所に頭を悩ましているのに、禿の方はその苦労も知らず子供らしく早く春がくるといいなあと待っているというところに面白さを見いだした句である。

蒲　団

三つ蒲団よつ程天へ近くなり（柳）
三つ蒲団承知承知で五人切れ（拾遺）
夜着蒲団吉原中のそばを喰ひ（拾遺）

これも吉原のことである。三つ蒲団は三つ重ねの蒲団で、これも遊女が馴染《なじ》みの客に無心をして贈って貰うものであった。紋日には積み夜具といってこの蒲団を飾って遊女の隆

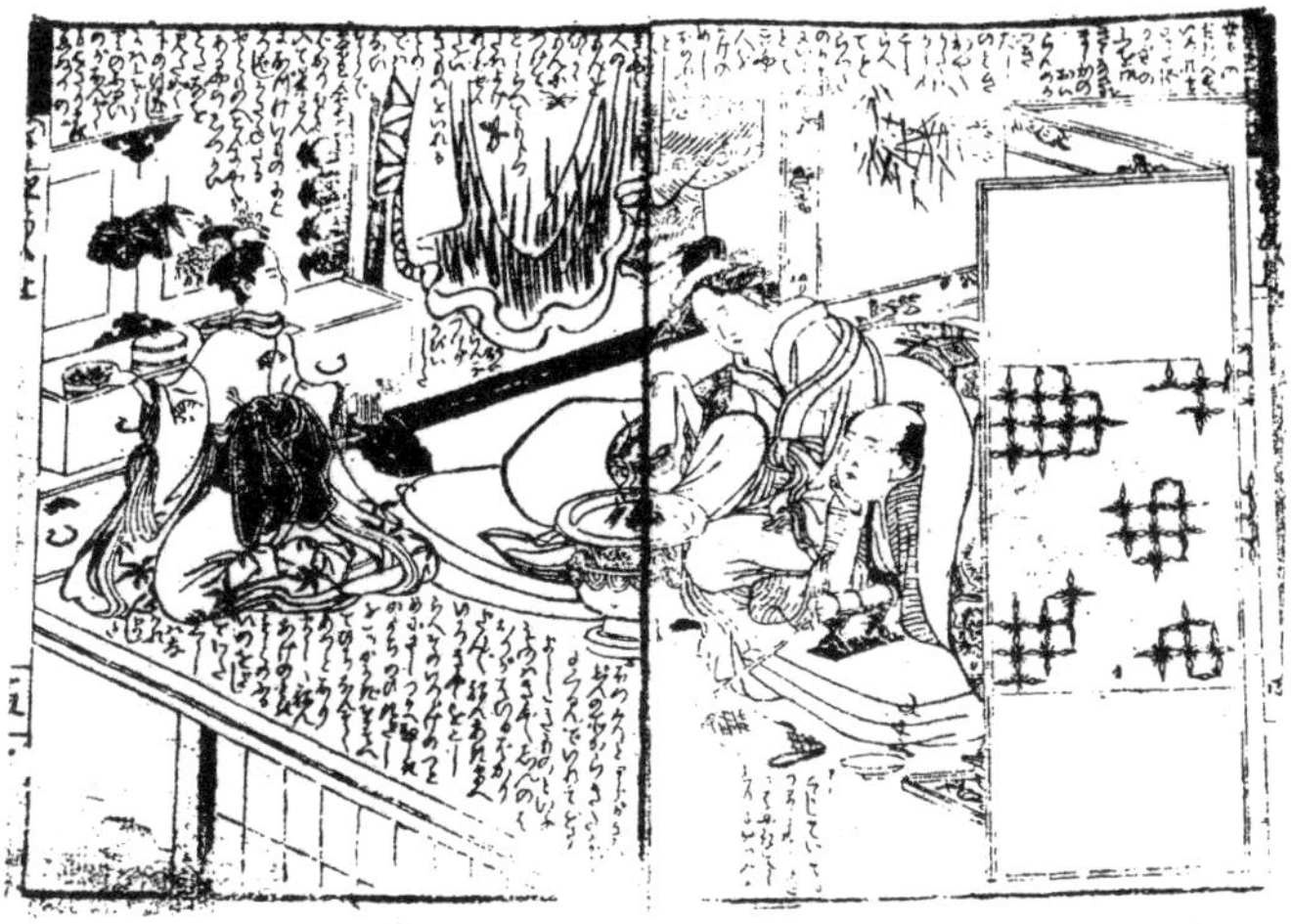

図62　簞笥の中に佃煮などの蓋物が入っている吉原の簞笥
『古道具穴掃除』1787

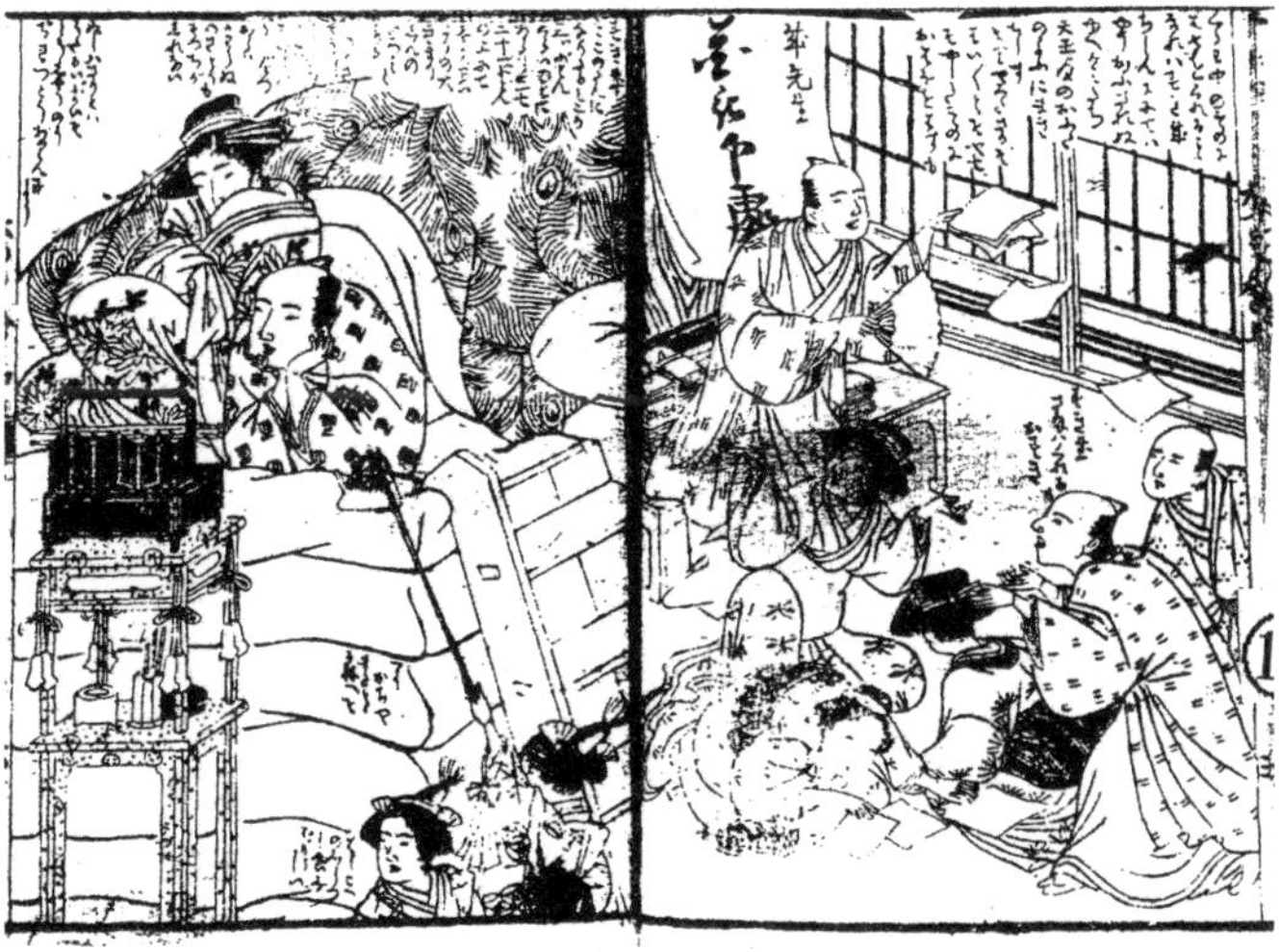

図63　はしごをかけるほど高く積み上げた三つ蒲団
『吉原大通会』1784

盛ぶりを誇る慣わしとなっていた（図63）。「三つ蒲団よつ程天へ近くなり」は、この情景を詠んだものである。箪笥と同様、積み夜具ができるのは遊女の人気のバロメーターだったのである。ところが当時蒲団は非常に高価であった。このため頼まれた客がその場では承知承知といっておきながら、その後足がばったり途絶えてしまうということが通例だった。これが「三つ蒲団承知承知で五人切れ」で、五人の客が減ったという句である。

「夜着蒲団吉原中のそばを喰ひ」は馴染み客から贈られた三つ蒲団の敷初めの時、廓《くるわ》中に蕎麦《そば》を配って祝う習慣があり、吉原中でそばを食べたという句である。当時の大衆小説でハッピーエンドの表現として「三つ蒲団で寝られるようになった」という表現がよく使われているが、これも蒲団が非常に高価だったためで、その高価な蒲団を重ねて寝るというのは最高の贅沢だったのである。

出　産

ふさ下げてちよつと男が産んで見せ（拾遺）
取り揚げ婆々屛風を出ると取り巻かれ（柳）
産籠の内で亭主をはばに呼び（柳）
産あげく夫遣ふがくせになり（柳）
ぬか袋持つて夜伽の礼に寄（柳）

近代になるまではお産は座産であった。座って天井から吊り下げた綱につかまるとか、介添人が抱いてやって産むという方法であったから、文字どおり赤ん坊を産み落としていた。「ふさ下げてちよつと男が産んで見せ」というのは、出産の準備のため、産室に綱をつけたところで、夫か雇い人かの男が試しに綱に取り縋《すが》ってみたところである。

産室は、離れとか納屋《なや》、台所の一隅、農山村などでは産屋《うぶや》といって村はずれの小屋などが用いられたが、目隠しとすきま風を防ぐため屏風を立てた。そこで産婆が嬰児《えいじ》を抱いて屏風をでると、さっそくみんなに取り巻かれて男か女か聞かれた。「取り揚げ婆々屏風を出ると取り巻かれ」ということである。ただし産屋などでは屏風はなかった。

産湯のやりかたも今とは違っていた。図64にあるように産婆は盥《たらい》の前に腰掛け、脚を揃えて湯の中に入れるか、あるいは盥の向こうの縁に掛け、赤ん坊をうつ伏せにして脚の上に乗せて沐浴させる。これは臍《へそ》の緒《お》の切り口に湯がかからないようにするのと、背中は五臓を宿す大切なところだから目を離さないように守らなければいけないという中国の説が信奉されていたためだという。この時産婆は腰掛に掛けた。専用の腰掛もあったが、普通は踏み台とか将棋盤や碁盤などが使われたようである。

さてその後の産婦である。お産がおわると、下に敷いていた蓙蓙《ござ》や古い布を取り除き、

図64
産湯を使わせている産婆
『百人女郎品定』

図65　産椅にすわっている産婦のそばで新生児に胎毒下しをのませている
『女文章稽古』

寝間着を着替えて、餅を煮たものなどを食べた。ところがその後、産籠に入って正座したまま眠らずに七日間過ごさなければならなかったのである。産籠は座椅子のようなものである（図65）。関西では産椅とか椅子、倚懸台《よりかかりだい》などという。七日間でいくらといって賃貸しする商売もあった。なければ箪笥に依りかかったりした。これは横になると頭に血がのぼると信じられていたせいである。不眠の方は眠っている間に鬼に赤ん坊をさらわれないためだという。大声を出せばさらに鬼が近寄らないというので、見張りをかねて身内の女たちが夜通し付き添って、大声で喋《しゃべ》り続けたりするところもあったという。夜伽《よとぎ》の名人がいて、一緒に産屋にこもって、火を燃やしながら、夜通し面白い話を聞かせて眠らせないようにしたところもあったようだ。しかし産後の疲労困憊《こんぱい》した身体で七昼夜不眠でいるということはどんなに苦しかったことか、想像を絶する。

しかしこれに対し川柳はわりあいのんきである。「産籠の内で亭主をはばに呼び」は、普段ならできないが、産後だけは大いばりで亭主を呼ぶという句である。産籠にいる間は多少のわがままも許されたからである。「産あげく夫遣ふがくせになり」も同様である。

七日たつとはじめて他人を呼んで出産祝いをし、赤ん坊に名前を付け、産婦も産籠からはなれて横に寝ることが許される。しかし正座を続けていたために足が衰弱して歩行困難になるものや、ひどい場合は死ぬこともあったという。だがともあれ世話になった礼はしなければならない。「ぬか袋持つて夜伽の礼に寄」は産後しばらく経って銭湯に行った産婦が、夜伽をしてくれた家へ礼による情景である。

いつのまに捨ててかへりし蜜柑籠《みかんかご》（俳諧如何）
拾はるる親は闇から手を合はせ（拾遺）
とりあへず捨て子の親を鬼にする（拾遺）
拍子木で捨て子の股をあけて見る（柳）
出てうしやう汝元来蜜柑籠（柳）

捨て子

江戸時代は非常に捨て子の多い時代であった。とくに大都市で多かった。都市の発達に伴い、ぼてふりとか日傭取《ひようと》りといった下層民が大量に発生したことによる。しかしそれだけでなく当時は、捨て子が大きな悪とは見なされていなかったこともある。暮らしに困っているわけでなくても、子供が丈夫に育つようにとわざわざ捨て子をする習俗さえあった。だいたい近代以前には人権意識というものがなかったのである。

たとえば『好色一代男』の主人公は、ある女に産ませた子を京都六角堂に捨てるという設定になっている。六角堂は出替わりの時分になると奉公人が集まる場所で、そこに乳母や子守の候補も集まったので、よく子供が捨てられた場所であった。そういう設定をしても、読者もなんら気にしなかったくらい当たり前のことだったのである。

そこで一六八七（貞享四）年、綱吉は生類憐みの政策の一つとして「捨て子禁令」を出した。捨て子があった場合はそのところのものが介抱し、養育せよ。望みのものがあれば養子にせよ、という法令であった。このため、その後はしだいに捨て子対策が整備されていき、町によって違うが、だいたいのところは、見つけると奉行所に届け、その町で介抱・養育する、望みのものがいれば養子に出す、養子につかわすには町の費用で養育料、産着代、仲介者への謝礼を出す、ということになっていた。

しかし一八世紀後半になると不景気と物価騰貴などのため、ふたたび捨て子が増加し、再三の禁令にもかかわらず捨て子をする者が後を絶たなかった。このため町々では木戸番を見張りに立てて防止したが、それでも「いつのまに捨ててかへりし蜜柑籠」という状況であった。蜜柑籠というのは蜜柑を詰めて紀州から送ってきた梱包材である（図66）。これが捨て子をする時の入れものになっていたのである。脱衣籠くらいの大きさで八百屋などに沢山捨ててあるものだったから、拾ってきて子供を入れて捨てたのである。このため「蜜柑籠」といえば捨て子の代名詞であった。

図66　蜜　柑　籠

江戸四日市の蜜柑市（『日本山海名所図会』巻之二），江戸四日市広小路，現在の東京都中央区日本橋に近い旧魚河岸卸売市場の一部，ここに江戸の青果物・鮮魚類の取引市が立った．ここに蜜柑籠が描かれている．

「拾はるる親は闇から手を合はせ」は、蔭でそっとうかがっていた親が、拾ってくれた人に手を合わせて頼んでいるところである。一方、捨て子を見つけた木戸番たちは、口々になんてひどい親なんだなどといって「とりあへず捨て子の親を鬼にする」のである。そこで木戸番は持っている拍子木で「拍子木で捨て子の股をあけて見る」と、男か女かを調べたのである。

そうしてさいわい育て親が現われ、養子として育てられたのに、その恩を忘れて主人の金を使い込んだりすると、「出てうしやう汝元来蜜柑籠」ということになった。これは捨て子に対して放逐する時の言葉である。ちなみに〝汝元来〟は坊さんが引導を渡す時に言う言葉である。

嫁入道具

下女が荷も油単《ゆたん》を掛けて数に入れ（柳）
雛と蚊帳《かや》預かり分は急な事（柳）
持つてきた嫁いやな事いやといふ（柳）
得がたき金去りがたき嫁をとり（柳）
去り得るものかとお金にくい事（柳）
持参金嫁なけなしの鼻に掛け（柳）

極ふてへ亭主たんすは離縁せず（柳）

江戸時代になって庶民の間にも嫁入道具の習慣が始まった。これにはさまざまな原因があるが、基本的には小農自立が成立したということである。小農自立とは、一戸一戸の農家が自分の土地を持って、その土地を自分で経営するという社会になったということである。自分の土地を持つといっても、近代的な所有とは異なり、領主との二重の所有関係であったが、それでも収穫の中から年貢を納めれば残りは完全に自分のものにすることができるようになった。ここではじめて庶民にも財産分与ということが可能になったのである。

さてその財産分与である。武家の場合は、総領だけが家督を継いだが、一般の農家の場合は子供たち全員に分与された。男と女、または家を継ぐものと出ていくもので分配率は異なるが、基本的には全員に与えられることになっていた。

一般的には総領が六分、次男以下と娘が四分で、娘の場合は持参金と嫁入り道具の形で分けたようである。一般庶民が嫁入道具を持っていくようになったのはここからである。したがって娘にとって嫁入道具や持参金は自分の財産である。決して夫への捧げものでもなければ、婚家先に差し出すものでもない。このため離婚して戻るような時は相手は戻さなければならなかったのである。

しかしその一方で家制度というものがあったため、しだいに婚家先への貢ぎ物化していくという、諸刃《もろは》の剣的な二面を持っていたため、さまざまな形で嫁入道具や持参金の過大化を強制する仕組みができていった。

その結果が「下女が荷も油単を掛けて数に入れ」である。少しでも嫁入り道具を多く見せようと、下女の荷物にも油単を掛けたりして、婚家先や親戚の手前をつくろった。「雛と蚊帳預かり分は急な事」は急な婚礼で道具がすぐ揃わないため、すぐ必要ではない雛と蚊帳は里方で預かり分として、後で送ることにしたということである。

そのかわり「持つてきた嫁いやな事いやといふ」「得がたき金去りがたき嫁をとり」「去り得るものかとお金にくい事」「持参金嫁なけなしの鼻に掛け」と、たくさんの持参金を持ってきた嫁は鼻が高く、嫌なことはイヤとはっきりいったりと、男側にしても嫁の持参金は微妙なものだったのである。

また本来離縁したら返さなくてはならない嫁入道具であるのに、惜しがって亭主が返さないということも起こった。「極ふてへ亭主たんすは離縁せず」という句がそれである。

それにしても妻の生産力が女の地位を強化したという句がないのは残念なことである。

蚊帳

起きぬかと蚊帳《かや》の環にて顔を撫で（柳）
蚊帳釣つた夜はめづらしく子が遊び（柳）
ふる敷をかぶつたあした蚊帳を出し（柳）
天の網間男蚊帳でおさへられ（柳）
能《よ》く寝れば寝るとてのぞく枕蚊帳（拾遺）
金平の夢を見ている枕蚊帳（拾遺）

蚊帳も江戸時代になって非常に普及したものである。とくに緑色に染めて赤い縁をつけた麻蚊帳が作られると、鮮やかな色彩と、それまでの白麻の蚊帳と違い、汚れが目立たない点が大歓迎されて一大ヒット商品となった。また中世までは天井から棹を吊るし、これに蚊帳の上縁につけた乳《ち》を通して釣り、昼間は裾を棹にかけて片寄せていた。これが近世のはじめに、棹の変わりに紐を通し、四隅に環の釣手をつけたものとなり、さらに江戸時代には紐が省略され、釣手だけになった。環でなく麻の細引を使ったものもあった。こうなって蚊帳は毎日取り外すようになり「起きぬかと蚊帳の環にて顔を撫で」ということになった（図67）。

「蚊帳釣つた夜はめづらしく子が遊び」は夏になり、はじめて蚊帳を釣った夜の句である。「ふる敷をかぶつたあした蚊帳を出し」では蚊帳が質草として使われている。蚊がひどくて風呂敷をかぶって寝たので、翌日、さっそく質屋から出したというのである。

話は変わって「天の網間男蚊帳でおさへられ」は姦通をしていた男が蚊帳で押さえられたという句。〝天網恢々疎《てんもうかいかいそ》にして漏らさず〟と蚊帳の網をかけた洒落《しやれ》である。

枕蚊帳といって子供用に作られた小さな蚊帳もあって昼寝などによく使われた（図68）。「能く寝れば寝るとてのぞく枕蚊帳」はそうした情景の句である。よく寝れば寝るでどうしたのかとのぞいて見る親心を詠んでいる。「金平の夢を見て居る枕蚊帳」も、おなじくほほえましい親心。いうまでもないが金平は坂田金時の子で剛勇無双の働きをする武勇談の主人公である。いまならさしずめ鉄腕アトムといったところか。

火　鉢

火鉢の上で頭掻《か》き叱られる（柳）
冷えまするなどと火鉢で洗ふやう（拾遺）
内談と見へて火鉢へ顔をくべ（柳）
一日の御慶火燵へ取り寄せる（拾遺）
泣く時の櫛《くし》は巨燵を越して落（柳）

炬　燵

火鉢と炬燵《こたつ》も江戸時代に入って広く一般に普及したものである（図69）。「火鉢の上で頭

図68　ほろ蚊帳　喜多川歌麿

図67　緑色で赤い縁をつけ，釣り手がついた江戸時代の蚊帳
喜多川歌麿「音曲比翼之香組」

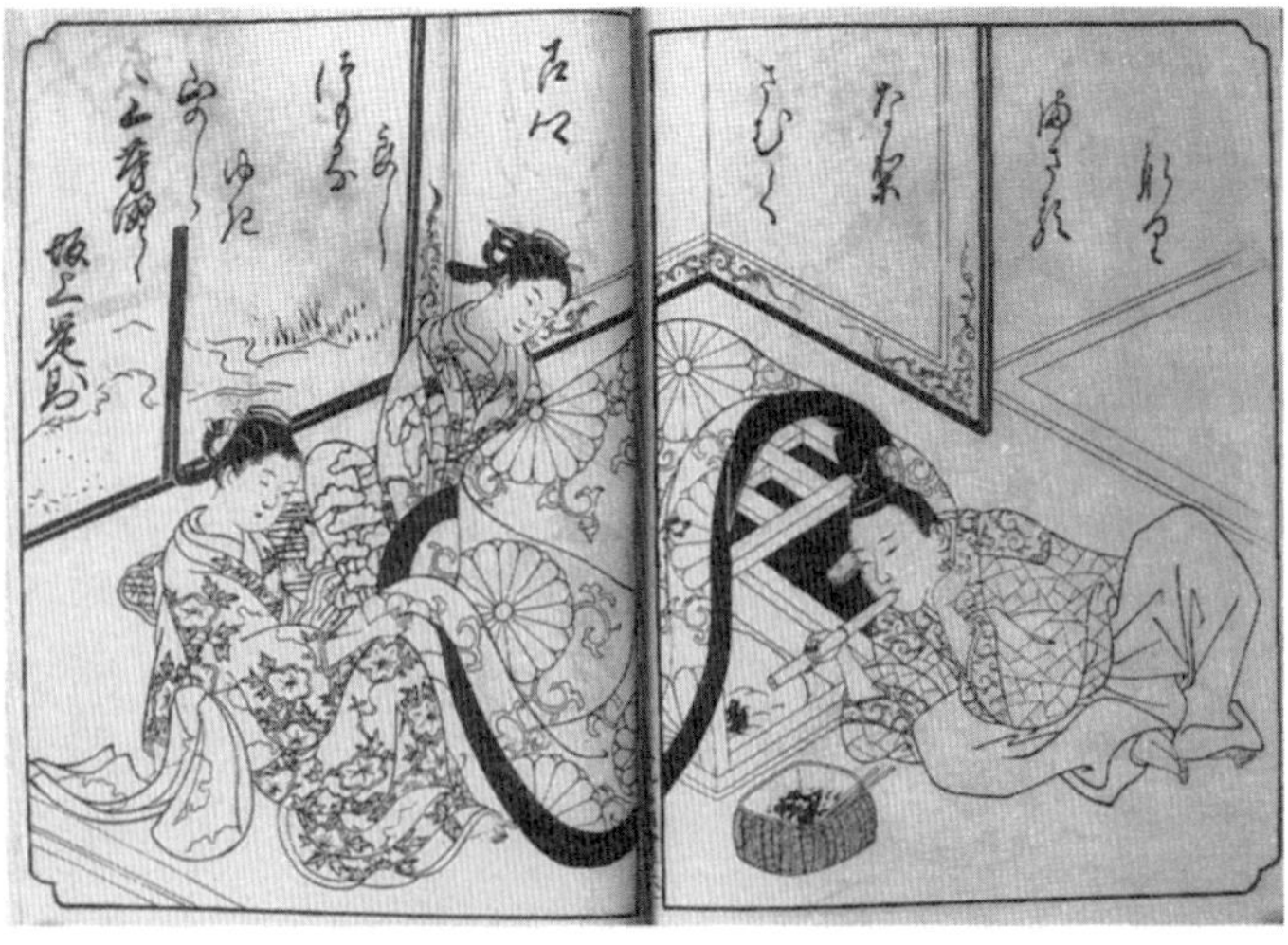

図69　掘炬燵　「絵本和歌浦」1734

掻き叱られる」は雲脂《ふけ》が落ちて燃えるので臭い、と叱られているところである。「冷えまするなどと火鉢で洗ふやう」もかつてよくある情景だった。『枕草子』でも、としよりが火鉢の上で手をこすり合わせるのはいやだと書いているから、この歴史は古い。「内談と見へて火鉢へ顔をくべ」は皆が集まって秘密の話をしているところを詠んだ句である。

「一日の御慶火燵へ取り寄せる」は現在でいえば年賀状を炬燵で見ているということ。変わらない風景である。「泣く時の櫛は巨燵を越して落」は炬燵にかけた蒲団に顔を伏せて泣いている女の櫛が抜けて、炬燵の向こう側へ落ちた、という艶っぽい句である。

屏　風

金屏風元が元だと借りにやり（柳）

近世初期から江戸時代にかけて、祭礼の時に行列が通る沿道の商家などでは、店頭に緋毛氈《ひもうせん》を敷き、自慢の屏風を立てて競い合った。この場合、金屏風といっても金無地ということではなく、金箔や金泥を多用した装飾性の強い屏風のことをさす。こういう風習は現在でも残っている地方があるが、江戸時代には盛んだったようである。普段眼にできない富商の屏風などを町内の人が鑑賞することができる良い機会だった。こうした習慣をふまえた句で、今は落ちぶれているが元が元だからと金屏風を持っていそうな家の見当をつけているところである。

車長持

江戸土産車長持などへ張り（柳）

本書の「簞笥の誕生」のところで書いたように、明暦大火以後、三都では車長持が禁止されていたが、地方ではその後も作られていた。江戸土産の浮世絵などを車長持に張っているという情景で、これはいかにも田舎らしいということをいっている句である。

食膳

むつまじい夫婦は膳でむしり合へ（柳）
わんとはし持つて来やれと壁をぶち（柳）

どちらもごくごく庶民階級の暮らしの句である。最初の方は文字どおりで、仲のいい夫婦が膳の魚をむしりあって食事をしている風景であるが、これはただそれだけではない。「武士の夫婦は妻と飲食をともにしてはいけない。妻にものを言う時は決して顔を和らげてはならない」（大原幽学）といった支配階級の道徳に対し、〝お前さんたちは気の毒だな。われわれ庶民階級の夫婦はこのようなことができるんだぞ〟といった支配階級に対するささやかなプロテストだという。

後の方は壁一枚の長屋風景で、壁を叩いて夕食に誘っている情景だが、単に人情味ある長屋暮らしということではないらしい。これは猪《しし》の肉を食べているところで、肉は御馳走するけど、女房が自分の家の食器に臭いがつくのを嫌がるので、自分のを持ってこいといっている複雑な心理をうたった句だという。

盥

わが尻をいはず盥《たらい》を小さがり（拾遺）

宿引は盥を出して紛失し（拾遺）

最初の句は行水風景、これは説明不要であろう。後の方は宿屋の客引きが、客を呼び止めて宿に引き入れるまでは愛想を言っていたが、足洗いのための盥を出すやいなや消えてしまったということである。洗足盥でこそないが、似たようなことはいまでもある。

衣食住

ありがたさ別して江戸の衣食住（柳）

さまざまな問題を含みながらも都市が繁栄していき、都市に人が集まってきた。なかでも江戸は一八世紀後半になると、現在の東京につながる巨大都市となり、江戸特有の文化も育ってきて、富裕なものは富裕なりに、貧しいものは貧しいなりに、都市文化を享受できるようになった。そうした江戸の暮らしの実感を詠った句である。

大切にされた江戸時代の道具――むすびにかえて

欲望と労働

家財道具を中心とする江戸時代の暮らしについてみてきた。冒頭で述べたように、江戸時代は道具の時代といってもよいほど、さまざまな種類の新しい道具が生まれ、発達した時代である。とりわけ一般庶民の日常生活用の道具が発達したことが大きな特徴である。と同時にそれまではごく一握りの人たちしか使ってなかったものが広く一般庶民にまで普及した時代でもある。

このような道具の発展は人々の生活を大きく変化させた。生活が豊かになり、活発になり、文化的に向上した。これにともなって人々の感覚も変化を遂げ、暮らし方や生活様式も変わっていった。美しい住まい、清潔な暮らし、日常の便利さ、趣味や楽しみといった道具によってもたらされる生活の快適さに人々が惹きつけられるようになった。『無事志有意』（烏亭焉馬《うていえんば》、一七九八年）という笑話集がある。この中に「欲しいもの帳」という帳面をこしらえて持っている男の話があるが、これには「煙草入きせるは銀と書付、あるひは八丈羽織、上着は黒縮緬に五所紋《いつところもん》、下着は八丈島、唐更紗、帯は博多織、みな絵にかき、其他箪笥、長持、手道具まで、ことごとしく記し」とあったという。それまでももちろん人々はモノのたくさんある豊かな生活を望んだであろうが、しかしこのように具体的、明確なイメージでモノを欲望することはなかったであろう。江戸時代にはかつてないほど人々が道具やモノを欲し、道具やモノに大きな関心を持つようになったのである。

これはちょうど昭和三〇年代、四〇年代のころに似ている。このころは新しい便利な家電製品がつぎつぎと出現して人々を魅了した。そこでみんななんとかしてこれを手に入れたいと熱望して一生懸命に働いたが、おそらく江戸時代の人々もそうだったのではないか。新しく生まれた箪笥の便利さや行灯《あんどん》の明るさ、漆器や陶磁器の美しさに驚嘆し、新鮮な喜びを感じ、道具によって生み出される新しい世界、豊かな世界にひかれて、粒々辛苦もいとわず働いたのではないか。その結果、ますます生活の中で道具の占める位置が大きくなり、持てるものと持たざるものの格差もひろがっていったのであろう。

道具は家族の一員

だがその一方で、江戸時代はあらゆる面で封建的諸制約に緊縛されていた。もちろん道具についても奢侈《しゃし》禁令や新規物禁止をはじめとするさまざまな制約のもとにおかれていた。その上、海外から新しい道具が入ってくるということもきわめて限られていた。このため外国の道具文化からの刺激を受けるということもほとんどなかったし、それによって触発されることもなく、技術的にも意匠的にも、あくまでも日本国内という枠の中での発展に限られていた。したがってこの結果、技術の面でもデザインの上にも大きな影響を与えていて、停滞的、瑣末《さまつ》主義的なものが多い。これは商品生産されたもの、手作りのものにかかわらず、共通した特徴である。

しかしそうした多くの制約下にありながらも人々が道具を育てようと懸命に努力していたのもまた事実である。江戸時代の道具に見られる技術的・意匠的水準の驚異的な高さ、とりわけ手仕事の見事さ、仕事に対する職人の誠実さは特筆に値する。一方これに応えて使う側も道具を実に大事に扱った。これは必ずしも高価なもの、上等なものには限らない。桶《おけ》や盥《たらい》のようなごく日常の雑器にも購入年月日や持ち主名などが墨書してあったり、臼や釜、簞笥・長持などにも正月になると注連飾りを飾ったりしている。道具も家族の一員と取り扱い、決して粗略にはしなかったのである。使う時は常に気をつけて使い、手入れをおこたらず、こわれたら修理する、それでも使えなくなったら廃物利用するというようにとことんまで使い切ったのである。そのためには誰もが道具の性質、素材、扱い方、直し方などを熟知していたのである。

このように江戸時代は道具が発展し、人々の暮らしを変えていった時代であるが、またこうした道具は大部分が商品として生み出されたものであった。この点が江戸時代の道具の大きな特徴であってこのため道具の発展が産業や経済の発展をうながし、それらの構造を変え、やがては社会そのものを根底から動かしていったのである。

参考文献

岩井サチコ「明治期農村社会生活の考察（埼玉）――一教師の『家計詳細録』（一八九三～一九〇九）より」（『史艸』第三八号　日本女子大学史学研究室）

榎恵『ランプ』（築地書館　一九八〇）

小泉和子編『桶と樽――脇役の日本史』（法政大学出版局　一九九九）

池田哲夫「魚撈用具としての桶・樽」

毛塚万里「描かれた桶・樽、記された桶・樽」

河野通明「近世農業を支えた桶・樽」

桜井由幾「空樽と醤油」

鈴木正貴「出土遺物から見た結物」

柚木学「近世醸造業と桶樽職」

立川昭二『ものと人間の文化史　からくり』（法政大学出版局　一九六九）

立川昭二・高柳篤『新版遊びの百科全書1　からくり』（河出書房新社　一九八七）

林玲子「江戸醤油問屋の成立過程」（『流通経済大学創立二〇周年記念論文集』一九八五）

林玲子「野田キノエネの醤油樽」（桶樽研究会編『日本および諸外国における桶・樽の歴史的総合研究』生活史研究所　一九九四）

著者紹介

一九三三年、東京都に生まれる
一九五八年、女子美術大学芸術学部洋画科選科修了
現在、生活史研究所代表・愛知県立芸術大学客員教授・工学博士

主要著書
家具と室内意匠の文化史　道具が語る生活史
室内と家具の歴史　箪笥〈ものと人間の文化史〉　和家具

歴史文化ライブラリー
64

道具と暮らしの江戸時代

一九九九年四月一日　第一刷発行

著　者　小《こ》泉《いずみ》和《かず》子《こ》

発行者　吉川圭三

発行所　株式会社 吉川弘文館
東京都文京区本郷七丁目二番八号
郵便番号一一三―〇〇三三
電話〇三―三八一三―九一五一〈代表〉
振替口座〇〇一〇〇―五―二四四
印刷＝平文社　製本＝ナショナル製本
装幀＝山崎　登

歴史文化ライブラリー

1996.10

刊行のことば

現今の日本および国際社会は、さまざまな面で大変動の時代を迎えておりますが、近づきつつある二十一世紀は人類史の到達点として、物質的な繁栄のみならず文化や自然・社会環境を謳歌できる平和な社会でなければなりません。しかしながら高度成長・技術革新にともなう急激な変貌は「自己本位な刹那主義」の風潮を生みだし、先人が築いてきた歴史や文化に学ぶ余裕もなく、いまだ明るい人類の将来が展望できていないようにも見えます。

このような状況を踏まえ、よりよい二十一世紀社会を築くために、人類誕生から現在に至る「人類の遺産・教訓」としてのあらゆる分野の歴史と文化を「歴史文化ライブラリー」として刊行することといたしました。

小社は、安政四年（一八五七）の創業以来、一貫して歴史学を中心とした専門出版社として書籍を刊行しつづけてまいりました。その経験を生かし、学問成果にもとづいた本叢書を刊行し社会的要請に応えて行きたいと考えております。

現代は、マスメディアが発達した高度情報化社会といわれますが、私どもはあくまでも活字を主体とした出版こそ、ものの本質を考える基礎と信じ、本叢書をとおして社会に訴えてまいりたいと思います。これから生まれでる一冊一冊が、それぞれの読者を知的冒険の旅へと誘い、希望に満ちた人類の未来を構築する糧となれば幸いです。

吉川弘文館

〈オンデマンド版〉
道具と暮らしの江戸時代

On Demand
歴史文化ライブラリー
64

2017年（平成29）10月1日　発行

著　者　小《こ》泉《いずみ》和《かず》子《こ》
発行者　吉川道郎
発行所　株式会社　吉川弘文館
〒113-0033　東京都文京区本郷7丁目2番8号
TEL　03-3813-9151〈代表〉
URL　http://www.yoshikawa-k.co.jp/

印刷・製本　大日本印刷株式会社
装　幀　清水良洋・宮崎萌美

小泉和子（1933～）

ISBN978-4-642-75464-4